다양성이 빛나는
세상을 만들고 싶어

다양성이 빛나는 세상을 만들고 싶어

이완 지음

초록비책공방

존재 자체로 존중 받는
세상 만들기

모두가 더 행복하고, 평화롭고, 풍요롭게 사는 것이 가능할까요? 너무 이상적인 이야기로 들리나요? 다양성 확산을 통해 이상을 현실로 바꿀 수 있습니다.

평소 우리는 다양성에 대해 깊이 생각하면서 살아가진 않습니다. 다양성은 우리가 태어날 때부터 늘 함께 해 왔고 우리 곁에 있었습니다. 우리는 세상에 태어난 주위 모든 것과 처음 만나고 점차 익숙해지는 과정을 거칩니다. 어떤 면에서 보면, 우리의 삶이란 나와 다른 존재 그리고 처음 만나는 낯선 것과 익숙해지는 여행입니다. 이 과정을 통해 나와 당신이 가진 개별성이 우리의 다양성이 되어갑니다.

그러나 우리 주위를 둘러봅시다. 세상의 어떤 것들은 존중 받지 못하고, 또 어떤 것은 숨겨야 하며, 때로 어떤 모습을 가진 사람은 소외되고 차별받고 있습니다. 한발 더 나아가 살펴보면 차별과 혐오는 어떤 소수자만을 향한 것이 아니라 우리 모두를 향한 것이라는 사실을 알게 됩니다.

다양성 존중은 누군가를 위해서가 아니라 나와 너, 그리고 우리 모두의 평화와 행복을 위해 꼭 필요합니다. 내가 가진 모습 그대로 존중받는 세상, 그래서 정체성과 배경을 숨길 이유도, 부끄러워할 이유도 없는 세상을 만들어 갔으면 합니다.

다양성은 글자 그대로 매우 여러 가지 모습을 띠고 있습니다. 이 책은 그중에서도 주로 '문화다양성'에 관해 다루고 있습니다. 문화다양성은 개인과 집단이 가지는 고유한 문화의 계승 발전, 비차별, 공존, 새로운 문화 창조에 이르기까지 매우 넓은 의미를 포괄하고 있습니다.

다시 정리하면 일상을 사는 개개인의 취미와 취향부터 소수자에 대한 차별과 혐오, 평화롭고 평등한 공존, 민주주의는 물론이고 대중 문화산업, 전통 문화유산, 비주류 예술, 그리고 사라져가는 지역어에 이르기까지 모두 문화다양성에서 다루고 있는 주제입니다. 이 책은 그중에서 오른손잡이는 잘 모르는 왼손잡이의 일상과 같은 작은 것부터 시작하여 인종차별과 성차별의 역사와 같이 우리 삶과 매우 밀접한 다양성의 여러 면을 다루고자 합니다. 이를 통해 매일 겪는 일상에서부터 다양성을 이해했으면 좋겠습니다.

　다양성은 누군가를 위한 것이 아니라 나를 위해 내 안에서부터 출발해야 하는 가치입니다. 우리 모두가 공감하고, 서로의 생각을 나누며, 이야기를 나누다 보면 나로부터 출발하는 다양성이 어떻게 '모두가 더 행복하고 즐거운 세상'으로 향해갈 수 있는 길이 되는지 그 방법을 찾을 수 있으리라 믿습니다.

차 례

2부 · 다양성과 한국 사회

4부 다양성 확산을 위한 노력

1부
다양성이 궁금해

질문있어요

Q1. 다양성이 부족하면 어떤 일이 벌어지나요?

Q2. 내가 가진 나만의 특성이란 게 뭐죠?

Q3. 우리 주변에서 다양성과 관련한 것들은 무엇이 있나요?

다양성은 나를 포함한 모두의 행복과 평화로운 공존을 위해 꼭 필요합니다. 더 나아가 인류의 지속 가능한 번영을 위해 없어서는 안 되는 가치지요.

　　그래서 유엔^{UN}은 평화로운 공존과 인류의 번영을 위해 국제협약을 만들어 모든 나라가 다양성을 존중하도록 하고 있습니다. 한국도 이에 발맞추어 오래전부터 제도를 정비하고 관련 활동을 시작했어요.

　　그러나 실제 일상에서는 나와 다른 존재나 가치에 대해 배제와 차별이 많이 일어나고 있습니다. '다양성 존중'이 상징적 구호가 아니라 일상에서 잘 지켜지도록 해야 합니다. 그러려면 다양성이 무엇인지, 어떤 특징이 있는지, 그리고 왜 우리에게 필요한지 명확하게 이해하려는 노력이 필요합니다.

다양성이 무엇이길래?

40년 전 평범한 우리 일상

1980년 중반 어느 날 어머니와 아침에 집을 나서 박물관으로 향하던 길이었습니다. 정류장에 있던 택시 문을 연 순간 기사의 거친 음성이 들려왔죠.

"아침부터 재수 없게 여자가…"

그 택시는 우리를 태우지 않고 그대로 달려갔어요. 어머니는 익숙하다는 듯 아무 말이 없었습니다.

박물관에 도착하고 전시품을 관람하는데, 전시 설명에 한문이 너무 많아 읽기가 쉽지 않았습니다. 어떤 전시품은 키가 작은 제가 보기에는 높은 곳에 있어서 잘 볼 수가 없었고요.

점심시간이 되어 식당에 갔습니다. 저는 오른쪽에 놓여 있는 수저를 언제나 그랬듯 왼쪽으로 옮겼습니다. 왼손잡이거든요. 사람이 많지 않아서 다행입니다. 만약 왼쪽에 사람이 있었다면 엄청 눈치를 봤을 테니까요. 곧 주문한 음식이 나왔습니다. 기본 반찬도 가져다주고 동그란 스테인리스 그릇에 담긴 밥도 가져다주었어요. 전국 어디서나 볼 수 있는 지름 10.5cm에 깊이 6.5cm의 밥그릇입니다. 이 그릇을 안 쓰면 영업정지가 된다고 하네요. 1인분 정량이라는데 우리는 비정상인가 봅니다. 밥이 좀 많아 남겼습니다.

집으로 돌아오는 길에 지하철 개찰구를 통해 들어가려는데 차단봉이 움직이지 않아 당황스러웠어요. 오른쪽 투입구에 표를 넣어야 하는데 왼쪽에 넣었거든요. 몸을 빼 한 칸 옆으로 통과했습니다. 괜찮아요. 이 정도 실수는 흔히 있는 일이죠.

지하철에서 내려 걸어가는데 오후 5시가 되었나 봅니다. 사이렌이 울렸어요. 재빨리 주위를 둘러봤더니 다행히 태극기가 있었어요. 태극기를 향해 몸을 돌려 가슴에 손을 얹었습니다. 모든 세상이 일시 정지되고 바삐 달려가던 사람들 모두가 똑바로 서서 태극기를 바라보았습니다. 속으로 무슨 생각을 하는지는 알 수 없어요. 혹시 나와 같다면 이렇게 말하고 있겠죠.

"나는 조국과 민족의 무궁화 영광을 위하여~"

집에 돌아와 9시 뉴스를 봤습니다. TV에서는 늘 보던 중년의 남성 아나운서와 예쁘고 젊은 여자 아나운서가 뉴스를 함께 진행하고 있습니다. 중년 남성 아나운서는 왼쪽에, 젊은 여성 아나운서는 오른쪽에 앉아 있습니다. 어른들이 나누는 이야기 소리가 들려요. 요즘 시청률이 떨어졌는지 여자 아나운서가 새로 바뀌었다고 합니다.

뉴스에서는 요즘 아이들이 너무 예의 없고 제멋대로라서 우리 사회가 이대로 괜찮은지 걱정이랍니다. 이어서 집이 철거되고 강제로 이주당한 사람들이 나오네요. 외국에서 손님이 많이 오는데 허름한 모습을 보일 수 없어 강제로 옮겼다고 합니다.

일찍 자야겠습니다. 내일도 학교 수업이 끝나면 군민체육대회 개막식에서 공연할 매스게임을 연습해야 하니까요. 단체 상황에서 예외는 없답니다. 그래서 수업이 끝난 후 신문을 돌리는 애들은 점심을 빨리 먹고 남는 시간을 쪼개 나와서 따로 연습해야 해요. 그게 모두가 공평한 거라 했습니다.

오늘날의 일상은 얼마나 달라졌을까?

1980년대 한국 사회의 평범한 어느 날의 실제 모습입니다. 현재 한국 사회와 비교하면 많이 달라졌나요? 아니면 여전한 부분도 있나요? 어떤 부분은 지금의 기준으로 보면 너무 어이가 없지만 아직도 똑같다고 느껴지는 부분도 있지요?

앞서 살펴본 40년 전 어느 날의 한국 사회 모습에는 다양성과 관련한 여러 문제가 보입니다. 시간이 많이 지나고 세상이 많이 바뀐 듯 보이지만, 실제 어떤 모습은 여전히 주류와 다수 중심으로만 돌아가고 있기 때문입니다. 나와 다른 사람에 대한 존중과 배려, 다양성에 대한 고려는 여전히 부족합니다. 여성에 대한 차별과 남녀역할에 대한 고정관념은 어느 정도 나아졌다고는 하지만 여전히 많이 남아 있지요. 첫 손님으로 여성이나 왼손잡이가 버스나 택시, 식당을 이용했을 때 재수가 없다며 면전에서 욕하거나 이용을 거부하는 일은 이제는 거의 일어나지 않는 듯하지만 TV 속 앵커의 성별과 자리배치는 아직도 비슷하지 않나요? 왼쪽에는 중년 남성 아나운서가 앉고, 그 옆에 젊은 여성 아나운서가 앉는 구도는 너무 익숙해서 마치 원래 처음부터 그런 것처럼 여겨질 정도입니다. 지금은 조금 변화가 생겼다고는 하는데, 아직도 압도적인 비율로 이런 구도로 뉴스가 진행되고 있습니다.

남과 북으로 갈라져 지금도 이어지는 체제 경쟁 속에서 한국 사회는 구성원 모두에게 획일적인 가치를 들이밀며 동일한 행동을 하도록 요구해 왔습니다. 그리고 이를 밖으로 드러내어 보여 서로가 같은 편임을 증명하도록 해왔지요. 심지어 어떤 부분은 생각마저 똑같이 하도록 강요했고요. 사회 구성원의 행동과 생각을 일치시키는 것이 생존에 유리하고 우리 사회를 지키는 유일한 길이라고 믿으면서요. 그래서 한국 사회는 유난히 단체생활을 강조했나 봅니다. 개인의 개별적 상황과 특성보다는 단체생활에 어떤 예외도 허용하지 않는 것이 미덕이었으니 사회적 약자에 대한 고려나 공존보다 무엇이 당장 이득이 되는지가 우선된 거죠.

1988년 올림픽 준비를 할 때는 외국에서 오는 손님이 지나가는 도로 옆의 집들은 강제로 철거되었습니다. 허름한 집들이 외국 손님에게 부끄럽고 거부감을 줄 수 있다는 이유에서였는데, 문제는 쫓겨난 사람들이 겨울이 다가오도록 그대로 방치되었다는 겁니다.

하지만 어느 가족의 소중한 집을 외국에서 오는 손님에게 잘 보이는 것이 '국익'이라고 이유로 단박에 허무는 것이 정말 국익일까요? 국익을 위해서라면 그렇게 하는 것이 옳은 걸까요? 몇십 년이 흐른 지금은 조금 나아졌다고 할 수 있지만 아직도 많은 부분이 현재 진행형입니다.

그렇다면 지금부터 몇십 년 후 미래의 우리는 현재의 모습을 다시 바라보면서 어떤 평가를 하게 될까요? 훨씬 오래전보다도 더 나빠졌던 시대라고 한탄하게 될까요? 아니면 그래도 조금은 나아졌다고 기록하게 될까요? 그리고 우리의 미래는 정말 예전보다 혹은 지금보다 좀 더 나은 세상이 되어 있을까요?

도대체 다양성이 무엇이길래?

현재 한국은 사회 모든 분야에서 다양성과 관련한 논쟁이 점점 더 뜨거워지고 있습니다. 거의 모든 분야에서 다양성을 증진해야 한다는 요구가 쏟아지고 있죠. 유엔UN 같은 국제기구들은 한국에 기본적인 인권 존중과 평화로운 공존을 위해 다양성을 증진하라고 계속해서 권고해 오고 있습니다.

클라우스 슈밥Klaus Schwab 세계 경제포럼 회장은 "4차 산업혁명을 대비하는 데 있어 한국은 다양성과 유연성이 부족하다."[1]며 "4차 산업혁명을 선도하며 생존하려면 다양성 존중과 가치 확산에 노력하라."고 했습니다. 세계적인 학술지 네이처NATURE의 편집장인 막달레나 스키퍼Magdalena Skipper는 "다양성이야말로 과학 연구의 가장 중요한 키워드"라며 "무엇보다 연구에서 남성과 서구가 주도하는 과학으로 세계를 온전히 이해할 수 없어 성별·국가·인종·연구 분야 등 다양성을 갖춘 연구가 중요하다."고 말했습니다.[2]

평생을 독재와 싸웠던 김대중 전 대통령 또한 다양성을 인정하고 존중하는 태도, 상대를 적이 아닌 공존의 대상으로 인식하는 태도 등이 민주주의의 기본이라고 강조하셨습니다.[3] 그런데 이런 와중에도 어떤 사람들은 문화다양성 증진을 위한 조례 제정을 반대하며 시위를 벌이기도 합니다.

도대체 다양성이 뭐길래 인권 보장, 4차 산업혁명, 창의성, 경쟁력, 민주주의 실현에 있어 계속해서 중요하다고 언급하는 걸까요? 그리고 이를 둘러싼 갈등은 왜 벌어지는 걸까요? 이 모든 논쟁의 결론을 몇 마디 말로 정리하기란 쉽지 않습니다. 하지만 적어도 우리 삶의 모든 영역에 걸쳐 있는 다양성을 이해하고 존중하는 일은 평화롭고 풍요로운 현재와 미래를 위해 꼭 필요하다는 점을 알 수 있습니다. 다양성은 이 세상의 근간이고, 창의성의 원천이자 기본적인 인권의 일환이며, 우리를 행복하고 안전한 일상으로 이끌 가치라고 할 수 있습니다.

다르다는 것

우리는 모두 같습니다. 우리는 인간으로서 누려야 하는 기본적인 인권을 모두가 똑같이 가지고 있죠. 또한 우리 각자는 다른 개별성을 가진 존재입니다. 나이도, 성별도, 생김새도, 사는 지역도, 가족 구성도, 취미도, 자라온 환경도 다르지요. 그래서 가치관이나 생활양식, 생각이나 사고방식 또한 다릅니다. 이런 남과 다르다는 점이 '나'를 구성하고 진정한 '나'라는 존재를 만듭니다.

내가 만약 다른 이들과 같은 이름, 같은 얼굴, 같은 취향, 같은 생각과 행동을 한다면 더는 '나'라고 불릴 이유가 없습니다. 우리는 모두 남과 다른 '나'이기 때문에 갖는 개별적 정체성이 있어요. 다르다는 점이 우리 각자를 빛나게 하고 나를 '나'로 존재하게 합니다.

다양성은 세상을 이루는 기본 요소

당신의 개별성이 바로 우리의 다양성입니다. 우리는 인간이라는 보편성 안에서 매우 개별적인 다양성을 지닌 존재입니다. 즉 우리는 같은 인간이기에 똑같이 인권을 보장받아야 하고, 누구와도 서로 다른 각각의 존재이기에 그 개별성을 존중받아야 하는 거지요. 그 개별성과 다양성을 존중하는 것이 바로 인권 보장의 길이며 다양성이 존중받는 세상입니다.

만약 어느 누가 서로 다른 점을 공격해서 같아지라고 요구하고, 그래서 결국 모든 게 같아진다면 어떤 일이 벌어질까요? 모든 것이 똑같은 세상을 상상해 본 적 있나요? 똑같은 생김새에 똑같은 옷을 입고, 똑같은 것을 먹고, 똑같이 생긴 집과 직장에서 생활한다면, 그런 세상에서 나는 무엇으로 다른 이들과 구별될 수 있을까요? 누구도 서로 구별되지 않으니 나와 네가 따로 존재할 필요도 없을 겁니다. 우리가 아는 세상이란 자체가 있을 수 없는 거지요. 이렇듯 다양성은 세상을 이루는 기본적인 요소입니다. 다양성이 없다면 우리가 '세상'이라고 믿는 모든 것은 처음부터 성립할 수 없습니다.

다르다는 이유만으로

다양성이 갖는 가치가 분명한데도 어떤 정체성은 다른 정체성에 비해 열등하거나 모자란 것으로 여겨지는 일이 많습니다. 옛날부터 인류는 나와 같지 않은 것을 찾아내어 공격하곤 했죠. 누군가가 나와 다르면 경계하고, 비웃거나 낮추어 보고, 때로는 비정상이라고 배제하기도 했고요. 심지어는 나 또는 우리와 똑같게 바꾸어야 한다며, 강제로 교정하기도 했습니다. 또 어떤 집단은 '다르다'는 이유만으로 혐오의 대상으로 몰려 차별받아 왔어요. 너무나 부당하고 정의롭지 않지만 이런 일들은 인류 역사에서 매우 흔하게 벌어져 왔고 오늘날에도 이어지고 있습니다.

예를 들어 아주 오래전부터 사람들은 왼손잡이를 비정상이라며 오른손을 주로 쓰도록 강요해 왔습니다. 남과 다르다는 것이 올바르지 않은 것, 모자란 것, 부정한 것으로 여겨져 결국 강제로라도 고쳐야만 하는 잘못된 것이 되어왔죠. 지금은 좀 나아졌지만 아직도 세상 곳곳에는 왼손잡이에 대한 편견과 차별이 남아 있습니다.

왼손잡이에 대한 차별처럼 좀 나아진 차별과 의식 변화도 있지만 사실 그렇지 않은 것이 훨씬 많습니다. 남자다움이나 여자다움을 강조하는 것도 비슷한 예라고 할 수 있지요. 남성에게는 힘세고 강한 이미지만을 강조하여 '남자답다'고 표현하고 이를 모든 남성이 따라야 하는 사회적 의무처럼 강조해 왔습니다. 마찬가지로 여성에게는 비활동적이고 소극적인 이미지를 강조하고 요리와 뜨개질 같은 행동과 취미를 강요해 왔지요. 이런 여자다움과 남자다움은 각자가 지닌 고유한 특성을 무시하고 모두를 일정한 틀 속에 넣어 정형화시키는 모습입니다. 다양성을 계속해서 무시하고 훼손하는 거죠.

이와 마찬가지로 나이가 많거나 적다는 이유로, 사회적 신분이나 경제력이 낮다는 이유로, 어떤 지역에서 태어났거나 살고 있다는 이유로, 어떤 성정체성이나 지향을 두고 있다는 이유로, 특정한 종교를 가지거나 가지고 있지 않다는 이유로, 그리고 백인이 아니라는 이유로 차별을 하거나 혐오의 대상이 된 사례는 아주 많습니다. 대표적인 예 중 하나가 오스트레일리아와 캐나다에서 벌어진 원주민 어린이 납치와 부모로부터 강제 분리 사건입니다. 원주민의 문화가 미개하다며 백인들이 원주민의 아이들을 백인 문화에 동화시킨다는 명분으로 벌인 일이죠. 수많은 원주민 부모가 자식을 잃어버렸고 원주민 아이들은 자기 민족 언어를 사용하지 못한 채 성장했습니다. 이 부분은 뒤에서 조금 더 자세하게 이야기하도록 하겠습니다.

역사적으로 돌아보면, 어떤 사회에서 큰 권력을 가지고 있는 사람들은 자신의 문화나 정체성이 제일 우월하다는 편견과 착각에 빠져 있는 경우가 많습니다. 이들은 원주민, 소수자, 사회적 약자를 자신들이 보호하고 발전시켜야 한다는 명분으로 자기 문화에 다른 문화나 정체성을 가진 사람들을 강제로 동화시키려 했죠. 결국 끔찍하고 비극적이며 회복할 수 없는 역사를 만들어 온 겁니다.

자신만이 제일 우월하고 자기가 가진 정체성으로 통일되어야 한다는 생각이 가져오는 비극의 역사를 우리는 잊어서는 안 됩니다. 각자의 문화와 정체성은 누가 더 낮거나 더 높은 것이 있을 수 없습니다. 다르다는 것은 차별하거나 얕잡아 볼 일이 아니라 그 자체로 존중되어야 합니다. 각자가 가진 다양성이 존중받을 수 있다면 모두가 달라서 더 행복하고, 더 창의적이며, 더 풍요롭게 공존할 수 있습니다.

문화다양성이란?

우리는 "다양성이 필요해."라거나 "다양성이 부족해."와 같은 말을 자주 합니다. 이때 말하는 다양성은 어떤 뜻일까요? 다양성은 매우 광범위한 용어로 매우 많은 내용을 담고 있습니다. 그중에서 가장 많이 사용되는 두 가지 의미를 살펴보겠습니다. 바로 문화다양성과 생물다양성입니다.

생물다양성과 문화다양성

생물다양성이라고 하면 보통 여러 생명체, 즉 종의 다양성을 생각할 수 있습니다. 즉 생물다양성은 이런 유전자의 다양성은 물론 이들이 함께 사는 생태계의 다양성을 포함하는 말이죠. 생물다양성을 지키고 보존하는 것은 인류와 지구 전체의 생존에 직결되는 매우 중요한 일입니다.

유명한 예로 벌이 사라진다면 인류도 생존을 장담할 수 없다고 합니다. 꽃가루를 옮겨 식물이 열매를 맺을 수 있도록 하는 역할을 하는 꿀벌이 사라지면 많은 농작물이 열매를 맺을 수 없게 되고, 인류는 불과 몇 년 안에 식량 위기에 처한다는 것입니다.● 지구의 모든 생명은 서로 공생관계를 유지하고 있는데 어느 한 종이 사라지면 그 한 종의 생물이 사라지는 것이 아니라 이와 연결된 다른 모든 생명에 영향을 끼치게 됩니다.

이와 마찬가지로 문화다양성도 인류에게 꼭 필요한 가치입니다. 유네스코UNESCO 또한 2001년 '문화다양성 선언'을 통해 "생물다양성이 자연에 필요한 것처럼 교류, 혁신, 창조성의 근원으로서 문화다양성은 인류에게 필요하다. 이러한 의미에서 문화다양성은 인류의 공동 유산이며 현재와 미래 세대를 위한 혜택으로써 인식하고 확인해야 한다."고 밝히고 있죠. 문화다양성이 생물다양성과 마찬가지로 인류의

● UN식량농업기구 발표에 의하면 전 세계 주요 100대 농작물의 71%가 꿀벌의 수정에 의존하고 있습니다.

생존과 번영에 매우 중요한 가치임을 거듭 강조한 것입니다.

문화와 문화다양성

그렇다면 문화다양성이란 무엇을 의미할까요? 이를 제대로 이해하려면 일단 '문화'가 무엇인지부터 살펴보아야 합니다.

우리는 전통문화, 게임 문화, 한국 문화 등 '문화'라는 말을 여러 곳에서 다양하게 사용합니다. 문화는 매우 광범위한 개념이에요.[4] 어떤 문화는 특정한 지역, 계층, 지역만이 주로 누리기도 하고, 어떤 문화는 함께 공유하며 서로의 특성에 맞게 변화하기도 하지요. 핼러윈 축제나 크리스마스, 케이팝이나 김치와 같이 특정 지역 문화권에서 시작했지만, 전 세계로 퍼져나가 함께 즐기고 누리는 것도 있습니다. 그래서 학자들은 '문화'를 정의하기 어렵다며 조금씩 다르게 정의하고 있습니다.

이러한 정의 중 유네스코는 '문화다양성 선언'에서 "문화는 사회와 사회 구성원의 특유한 정신적·물질적·지적·감성적 특성의 총체로 간주해야 하며, 예술 및 문학 형식뿐 아니라 생활양식, 함께 사는 방식, 가치 체계, 전통과 신념을 포함한다."라고 밝혔습니다. 이를 보다 간단히 정리하면, 문화란 '인류 개인과 집단이 만들어 낸 정신과 물질적인 모든 것'이라고 할 수 있습니다.

　이처럼 문화다양성은 개인과 집단이 가지는 고유한 문화의 계승 발전, 비차별, 평화로운 공존, 새로운 문화 창조에 이르기까지 매우 넓은 의미를 포괄합니다. 일상을 사는 개개인의 취미와 취향의 선택부터 소수자에 대한 차별과 혐오, 평화롭고 평등한 공존, 민주주의는 물론이고, 대중 문화산업, 전통 문화유산, 비주류예술, 제주어처럼 사라져가는 지역어에 이르기까지 모두가 문화다양성에서 주요하게 다루는 주제들입니다. 그래서 우리는 이런 문화다양성을 지키고 확장하여 인류 모두의 소중한 가치로 보존하고 더 나아가 서로 영향을 주고받으며 발전하도록 해야 합니다. 모두의 풍요롭고 안전한 미래를 다양성 존중을 통해 만들어 가야 하는 것이죠.

문화다양성이 지켜지지 않으면?

　문화다양성이 지켜지지 않으면 어떤 일이 벌어질까요? 생각이 같고 동일한 문화를 가진 사람들이 살면 더 편하고 좋지 않을까요? 왜 다른 문화나 정체성을 포용하고 함께 살아야 하는 걸까요?

일단 문화다양성이 지켜지지 않으면, 현재 일상에서 생각이나 행동, 표현의 자유가 사라질 것입니다. 소수자에 대한 편견은 더욱 심해져서 여성, 장애인, 이주민, 성소수자, 출신 지역이나 민족 등에 대한 차별이 더욱 심해질 거예요. 심지어 차별과 폭력이 정당화될 수도 있습니다. 주류가 즐기고 누리는 문화만이 가치 있다고 평가받고 나머지는 소외되거나 심지어 말살될 위험에 처할 수 있습니다. 간단한 예로 문화다양성이 없다면 우리는 할리우드에서 만든 영화만을 봐야만 할 수도 있어요. K팝과 같은 음악은 만들어질 수도, 세계인이 함께할 수도 없었을 겁니다. 가장 힘세고 영향력이 센 것만이 우선이고 살아남아야 한다면 세상은 가장 끔찍한 형태로 구현될 수도 있습니다. 바로 **빼앗긴 세대**Stolen Generations 처럼 말이지요.

빼앗긴 세대

16세기에서 17세기, 유럽에서 캐나다로 이주한 백인 중에는 자신들의 문화만이 우월하다고 생각하는 사람들이 있었습니다. 그들은 자신과 문화나 인종이 다르다는 이유로 수천

년 동안 캐나다에서 살고 있던 원주민의 언어와 문화를 미개하다고 생각했죠. 이에 캐나다 정부는 원주민들이 알코올 중독에 시달리거나 가난하므로 원주민의 아이들을 따로 모아 보호해야 한다며 아이들을 납치하고 부모와 강제로 분리하여 백인의 문화에 강제로 동화시키려 했습니다.

그 결과 1880년대부터 1990년대까지 약 15만 명의 원주민 아이들이 강제로 부모와 분리되거나 납치되어 기숙학교 등에 수용되었습니다. 기숙학교 중 많은 곳은 가톨릭교회가 운영하는 곳이었는데, 원주민의 고유언어를 사용하지 못하게 하고 백인과 기독교 문화를 강제로 주입하는 교육을 했습니다. 이렇게 강제 수용된 15만 명의 아동들은 여러 학대에 시달렸고, 그중 6,000여 명은 학교생활 중 사망했습니다.

2007년에 이르러 기숙학교에 강제수용되었던 원주민들은 캐나다 정부를 상대로 소송을 벌였고, 마침내 캐나다 진실화해위원회TRC, Ttruth and Reconciliation Commission of Canada가 출범하여 조사를 시작했습니다. 그리고 진실화해위원회는 6년간의 조사 끝에 "기숙학교는 원주민 어린이들을 교육하기 위해서가 아니라 그들의 문화와 정체성을 파괴하기 위해 세워졌다."고 밝히고 이 사건을 '문화적 집단 학살'로 규정했습니다.

2008년 캐나다 총리 스티븐 하퍼Stephen Joseph Harper는 정부를 대표해 원주민들에게 공식으로 사과했습니다. 2017년 쥐

스탱 트뤼도 Justin Trudeau 총리 또한 100년 넘게 이어졌던 정부 주도의 원주민에 대한 차별, 학대, 문화 말살 시도에 눈물을 흘리며 사과했어요. 캐나다 정부는 매년 9월 30일을 법정 공휴일로 지정하여 희생자를 추모하고 자신들의 과오를 반성하는 날로 삼고 있습니다. 프란치스코 교황 또한 2022년 7월 25일, 캐나다의 가톨릭 기숙학교 부지를 방문하여 "많은 기독교인이 원주민들에게 저지른 악행에 대해 겸허히 용서를 구한다."[5]고 말하며 원주민들에게 사과했지요. 이 사건으로 희생된 아이들을 일컬어 '빼앗긴 세대' 또는 '도둑맞은 세대'로 부르고 있습니다.

고통의 시간은 되돌릴 수 없다

오스트레일리아에서도 이와 비슷한 일이 벌어졌습니다. 새롭게 이주한 백인들은 오스트레일리아에 원래 살고 있던 원주민의 문화가 미개하고 존재할 가치가 없다고 생각했어요. 이들은 원주민의 문화를 말살하고 자신들의 문화로 동화시키는 정책을 시작했습니다. 캐나다와 마찬가지로 원주민 어린이들을 강제로 부모에게서 분리하거나 납치했죠. 그리고 아이들을 보육원 같은 집단 수용소에서 살게 하거나 백인

가정에 강제 입양을 보냈습니다.

1900년에서 1969년까지 이어진 이 정책으로 10만여 명이 넘는 원주민 아이들이 부모로부터 강제로 분리되어 살았습니다. 그중 많은 아이가 부모가 찾지 못하도록 이름을 바꾸거나 방문이나 교류가 금지된 상태로 성장했어요. 오스트레일리아에서 발간된 조사 보고서에 따르면 피부가 진한 원주민 아이들은 보육원과 기숙학교 등 강제 수용시설로 보내졌고 상대적으로 피부가 연한 아이들은 백인 가정 등에 입양되었다고 합니다.

1995년에 이르러서야 오스트레일리아 정부는 이와 관련한 조사를 시작했고, 1997년 그 실상에 대한 보고서를 발표했습니다. 2008년 오스트레일리아 총리 캐빈러드Kevin Michael Rudd는 지난 시절의 끔찍한 만행에 대해 원주민에게 공식으로 사과했죠.

오스트레일리아와 캐나다 정부, 이에 가담한 가톨릭교회 모두 공식적인 사과와 함께 피해자들에게 금전적인 보상을 했습니다. 하지만 아무리 많은 돈을 보상한들, 부모에게서 강제로 분리되어 자신들의 언어도 쓰지 못하고 백인처럼 행동하도록 교육받아야 했던 아이들과, 아이를 강제로 빼앗기고 연락조차 할 수 없었던 부모들이 겪은 고통의 시간을 되돌릴 수는 없을 겁니다.

문화에 우열은 없습니다. 우리 각자가 가진 개별적인 정체성도 마찬가지입니다. 많은 사람이 함께 사는 사회에서 각기 다른 정체성과 문화가 때로는 혼란을 주지 않을까 생각할 순 있습니다. 통일되고 획일화된 생각과 문화가 더 편리하지 않을까 생각할 수도 있겠죠. 하지만 앞서 소개한 사례를 통해 내가 속한 집단이 가장 우월하다는 생각이 어떤 끔찍한 결과를 가져왔는지를 생각해 보았으면 합니다. 지금은 점점 더 세계화되고 더욱 다양한 사람과 문화가 섞이고 공존하는 세상입니다. 다양성 존중은 나와 우리 모두가 행복한 세상을 위해 지녀야 할 가장 기본적인 가치입니다.

사회적 소수자와 다양성 이슈

2023년 개봉한 디즈니 실사 영화 〈인어공주〉는 흑인 여성인 할리베일리Halle Lynn Bailey가 주인공이었습니다. 이때 여러 논쟁이 벌어졌어요. 그중 하나는 흑인 여성이 인어공주를 맡은 것은 원작에서 벗어나는 부적절한 일이라는 것이었습니다.

이에 대해 많은 이가 어떤 사람도 인어공주를 맡을 수 있고 지난 시절 모든 인어공주가 백인이었으므로 흑인이 인어공주 역할을 맡아도 괜찮다는 반응을 보였습니다. 미디어에서는 이를 '다양성 이슈'라고 부르며 디즈니사의 다양성 정책으로 흑인 인어공주가 탄생했다고 말했죠.

다양성이란 말은 어떤 분야에서 쓰이는지에 따라서 쓰임이 다를 수 있습니다. 그중에서도 가장 많이 언급되는 이슈는 집단에서의 성, 인종, 지역, 세대 등 인적 구성의 다양성에 관한 것입니다. 뉴스를 보다 보면 종종 국회에서 여성과 남성 의원 성비 비율이나 기업에서의 여성 임원 비율을 말할 때 '다양성'을 언급하는 것을 볼 수 있습니다. 이주민이나 난민과 관련한 인종차별 문제를 언급할 때도 '다양성'을 말하지요. 퀴어퍼레이

드처럼 성소수자 관련한 사항을 말할 때도 '다양성'이라는 단어를 사용하기도 합니다. 본래 '다양성'이란 이름 그대로 매우 다양한 성질을 의미하지만, 다양한 정체성과 소수자들에 대한 차별 문제를 다룰 때 '다양성 이슈'로 자주 표현하고 있습니다.

이처럼 '다양성'에서 다루는 모든 차이와 차별은 결국 사람들이 쌓아 올린 문화적 영향 아래 있습니다. 그래서 상황에 따라 '문화다양성'과 '다양성'이란 용어를 같은 의미로 사용하는 경우가 많아요. 때에 따라서는 다양성을 설명하면서 문화적 의미를 보다 강조할 때 '문화다양성'이란 단어를 사용하기도 하지요. 이 책에서도 이와 같은 맥락에서 다양성과 문화다양성을 혼용해서 사용하고 있습니다.

문화다양성과 다문화주의

문화다양성은 유네스코의 세계 문화다양성 선언과 문화다양성 협약에서 출발하고 있습니다. 이에 반해 '다문화주의'는 1960~1970년대 캐나다 등 서구사회에서 급증하던 이민자와 기존 시민과의 공존의 문제를 다루는 데 폭넓게 사용했지요. 한국 사회에서도 2000년 이후 국제결혼으로 증가한 이민자와 공존하는 사회를 만들기 위한 개념으로 다문화주의를 사용하기 시작했습니다.

다문화주의가 주로 국가 단위 안에서의 이주민과 기존 시민과의 공존에 관한 개념이라면, 문화다양성은 국가를 넘어선 보다 전 지구적인 개념입니다. 다문화주의가 주로 외국에서 온 이주민과 기존 사회 구성원 간의 문제를 다룬다면, 문화다양성은 다양한 문화적 차이를 가진 소수자를 비롯해 주류 문화와 비교되는 소수 문화, 전통 문화유산, 미디어 등의 문제까지 다루는 보다 포괄적인 개념입니다.

각기 다른 이유와 출발점이 있지만 서로 충돌하는 개념은 아닙니다. 오히려 이주민과 난민, 인종차별 이슈들을 다룰 때는 매우 밀접한 관계가 있어요. 다문화사회 구현을 위해서도 문화다양성을 이해하고 실천하는 것은 꼭 필요합니다.

차이를 무시하거나 이용하거나: 문화다양성과 인권

돼지 내장 공장에 배정된 무슬림

2023년 이슬람교를 믿는 아짐(가명)은 한국으로 이주노동을 하러 왔습니다. 그에게는 돈을 벌어 가족과 함께 더 나은 생활을 하고 싶은 꿈이 있었지요. 그런데 처음 배정받은 직장이 돼지 내장을 세척하는 공장이었어요. 이슬람 종교에서는 돼지고기를 먹지도 만지지도 않으니 평생을 이슬람교도로 살아왔던 아짐에게 이 일은 상상할 수도 없는 충격이었지요.

견딜 수 없던 아짐은 직장을 바꾸어 달라고 고용지원센터에 이야기했습니다. 하지만 고용지원센터에서는 종교를 이유로 직장을 옮길 수 있는 규정이 없다며 직장 이동을 허가해 주지 않았습니다. 이주노동자는 허가 없이 직장을 옮기면 바로 체류비자가 상실되고 더 이상 한국에서 일을 하거나 머물 수 없게 됩니다. 아짐의 사정을 들은 사람들은 고용지원센터에 항의했습니다. 다행히 아짐은 다니던 직장을 옮길 수 있는 허가를 받았고 다른 곳에서 일할 수 있게 되었습니다.

그런데 진짜 문제는 이런 어이없는 일이 처음 벌어진 것이 아니라는 겁니다. 이 사건이 발생하기 이미 10여 년 전인 2012년에도 이슬람교도였던 인도네시아 국적의 이주노동자가 순대 제조 작업에 배치된 유사한 사건이 있었어요. 국가인권위원회는 이 사건에 대해 "종교를 고려하지 않은 사업장 배치나 변경 불허는 차별의 소지가 있다."고 권고했습니다. 결국 10년이 넘도록 전혀 고쳐지지 않고 있던 겁니다.

돼지를 터부시하는 문화에서 살아온 이슬람교도에게 돼지 내장을 종일 세척하게 하거나 순대 공장에서 일하라고 하는 것은 가혹한 일입니다. 이처럼 다양성을 인정하지 않아서 인권을 침해하는 경우가 불행히도 우리 일상에서 수없이 벌어지고 있습니다.

다양성과 인권은 매우 밀접한 관계가 있습니다. 그래서 국제사회는 다양성에서 오는 차이를 존중하지 않고 무시하거나 인권을 침해하는 경우를 강력하게 금지하고 있습니다. 1948년 UN 총회에서 채택된 '세계인권선언'에서는 모든 사람이 지켜야 하는 보편적인 인권을 선언적으로 담아냈죠. 이후 국제사회는 보다 세분된 구체적인 개별 인권 규약을 통해 UN에 속한 나라들이 이를 지킬 수 있도록 하고 있습니다. 유엔 인권최고대표사무소OHCHR, Office of the UN High Commissioner for Human Rights는 유엔총회에서 통과된 국제협약 중 가장 중요한 9개를 핵심 국제인권조약으로 정했습니다.•

□ 인종차별철폐에 관한 국제협약(1965)

□ 경제 사회 문화적 권리에 관한 국제규약(1966)

□ 시민적 및 정치적 권리에 관한 국제규약(1966)

□ 여성차별철폐에 관한 협약(1979)

□ 고문방지협약(1984)

□ 아동권리협약(1989)

□ 이주노동자와 그 가족의 권리보호 협약(1990)

□ 강제실종방지협약(2006)

□ 장애인권리협약(2007)

이중 한국은 '이주노동자와 그 가족의 권리보호 협약(1990)'을 제외한 나머지 협약에 가입하고 비준했습니다. 협

• 9개 핵심 국제인권조약 옆의 괄호 안은 UN총회 조약이 채택된 연도입니다.

약에 가입하고 비준했다는 것은 국제협약을 국내법과 동일하게 적용하겠다는 의미입니다. 국제협약의 내용이 법적 구속력을 가지게 되는 거죠. 하지만 이렇게 국제협약이 만들어지고 시행되고 있지만, 현실에서는 아직도 인권과 다양성이 존중되지 않는 일이 수없이 벌어지고 있습니다.

나와 다르면 차별해도 되나?

일부 사람들은 불합리한 차별을 정당화하기 위해 끊임없이 그 근거를 찾으려 노력해 왔습니다. 그 첫 번째가 눈에 보이는 생물학적인 차이였다면, 문화적 차이 또한 차별의 근거로 들기 위해 애써왔지요. 예를 들어 피부색과 같은 생물학적 차이로 사람을 구분하고 불합리한 차별을 가하는 경우는 정당성을 잃어가고 있습니다. 이에 어떤 사람들은 생물학적 차이가 문제가 아니라 인간은 각자 자신이 속한 문화권에 따라 차이가 있고 이 문화적 차이는 극복할 수 없는 것이므로 차별이 당연하다고 이야기하기도 합니다. 문화적 차이를 차별의 근거로 삼으려는 것이지요.

그렇다면 수저를 사용하지 않고 맨손으로 밥을 집어 먹는 문화는 미개한가요? 자신이 믿는 종교에 따라 비늘이 있는 물고기를 먹지 않거나 돼지고기나 소고기를 먹지 않는 것은 요? 스코틀랜드 전통 복장처럼 남자가 치마를 입으면 안 되는 건가요? 문화 차이가 차별의 원인이 될 수는 없습니다. 이들의 주장은 나와 다른 소수자에 대한 뿌리 깊은 편견을 '문화 차이'라는 핑계로 드러내고 있는 것에 불과합니다.

2016년 5월 한국 해양수산부 중앙해양안전심판원은《외국인 선원 이해를 위한 한국인 선원 가이드북》을 발간했습니다. 한국 선원들에게 외국인 선원에 대한 특성을 설명하는 내용이었죠. 이 책에서 베트남 이주노동자들은 상대방이 화내고 욕하는 말을 빨리 잊어버리지 못하고 마음에 담아두는 경향이 있으며 감정이 북받치면 다른 동남아시아인들과 마찬가지로 상당히 거친 행동을 할 수도 있다고 쓰여 있어요. 필리핀 이주노동자에 대해서는 인내가 부족한 편이고 열정적으로 모든 일을 시작하지만 쉽게 그 일에 대한 흥미를 잃는다고 했지요. 중국 이주노동자들은 행동이 비교적 느리므로 지시한 일은 수시로 확인하라고 했습니다. 이는 지난 세기 백인이 동양인과 흑인의 특성을 두고 게으르고 무식하며 교활하다 등으로 묘사했던 것과 크게 다르지 않지 않나요?

다양성 존중은 기본적인 인권의 영역입니다. 만약 문화적 차이를 다양성의 관점이 아니라 구분과 배제의 이유로 활용하여 차별의 근거로 이용한다면 이는 인권을 침해하는 것이 됩니다.

'보편적인 인권'이 지켜지는 선에서

모든 문화는 존중받아야 하며 보호되어야 하는 것일까요? 기본적으로 다른 문화를 존중하는 태도를 가지는 것은 매우 중요하지만, 모든 문화를 존중하고 보존해야 한다는 뜻은 아닙니다. 그렇다면 존중해야 하는 문화와 그렇지 않은 문화를 판단하는 기준은 무엇일까요?

가장 중요한 기준은 '보편적인 인권'일 것입니다. 만약 어떤 집단이나 사람이 자신들의 고유한 전통이라며 행하는 일이 다른 집단이나 사람에게 고통을 주거나 인권을 침해하는 것이라면 아무리 '고유한 문화'라고 해도 절대로 존중할 수 없어요. 또한 문화는 환경이나 인식이 달라지면 끊임없이 변화합니다. 그러므로 문화를 고정불변의 기준이나 가치로 삼으면 안 됩니다. 문화라는 이유만으로 모든 걸 존중하고 인정해야 하는 것은 아닙니다.

예를 들어 성인이 되기 전 일찍 결혼하는 '조혼' 풍습을 볼까요? 윌리엄 셰익스피어의 《로미오와 줄리엣》에서 줄리엣이 로미오와 비밀 결혼식할 때의 나이는 고작 13살이었습니다. 줄리엣의 아버지는 당시 13살인 줄리엣을 파리스 백작에게 강제로 시집보내려 했어요. 1597년 발간된 이 작품은 이탈리아를 배경으로 합니다. 그 당시 유럽 사람들의 인권 인식은 현대의 인권 기준에 미치지 못했어요. 지금의 초등학생에 해당하는 매우 어린 나이에 본인의 의사와 상관없이 부모님의 결정에 따라 결혼하는 것이 문제라고 생각하지 못했던 것입니다. 그 당시에는 유럽뿐만 아니라 한국을 포함한 전 세계에 아주 어린 나이에 자기 의사와 상관없이 결혼하는 경우가 많았습니다.

이제는 대부분 지역에서 조혼과 강제 결혼 문화는 많이 사라졌습니다. 하지만 조혼은 생각보다 오랫동안 남아 한국은 1960년대까지도 성년이 되지 않는 나이에 결혼하거나 부모나 어른들의 뜻에 따라 결혼하는 일이 꽤 있었어요. 그런데 만약 현재의 누군가가 우리 지역에는 아직 이런 문화가 있다며, 또는 예전에는 대부분 그렇게 해왔다며 자기 자녀를 어린 나이에 강제로 결혼시키겠다고 하면 어떨까요?

한국에서는 당연히 법으로 금지되는 일이지만, 법이 아니더라도 지금의 윤리와 정서로는 받아들이기 어려운 일입니다. 심각하게 인권을 침해하는 일이란 걸 이제는 알기 때문이에요. 예전에 유사한 문화가 있었다거나 자신이 살던 고향에는 아직 그런 문화가 있다고 해도 지금의 한국 사회에서는 조혼을 강요하거나 본인이 원치 않는 결혼을 시킬 수는 없습니다.

문화다양성과 인권은 이처럼 밀접한 관계가 있습니다. 다른 문화를 존중하는 것은 함께 사는 세상에서 갖추어야 할 매우 기본적인 태도예요. 다만 보편적인 인권이 지켜지는 선에서 이루어져야 합니다.

전통문화에 따라 대량 사냥당하는 고래들

국제포경위원회는 1986년 상업용 고래잡이를 전면 금지했습니다. 하지만 일본의 타이지 마을에서는 매년 9월에서 이듬해 2월까지 1,000마리가 넘는 고래가 사냥당하고 있습니다. 마을 측은 오랫동안 이어져 온 전통문화를 계속 이어가겠다고 했어요. 일본 정부는 2019년 국제포경위원회를 탈퇴했고요. 고래를 연구 목적이 아닌 식용으로도 잡겠다는 것이지요. 요시카와 다카모리 농림수산상은 "고래 문화를 지켜가기 위해 상업 포경을 제대로 재개할 수 있도록 준비하겠다."며 타이지 마을의 고래사냥에 매년 1,700마리까지 잡을 수 있도록 공식적으로 허가하고 있습니다.

덴마크령 페로 제도의 섬마을에도 일본과 비슷한 전통문화가 있습니다. 이들은 전통이라는 이름하에 '고래 사냥 축제'를 계속해서 개최하고 있어요. 2021년 한해에도 이곳에서 약 175마리의 고래가 죽임을 당했습니다.

보호 어종이 아니라는 이유로 지금도 고래사냥은 불법으로 이루어지고 있어요. 이대로라면 고래는 머지않아 지구에서 사라질지도 모릅니다. 전통이란 이름으로 벌어지는 이러한 행사를 어떻게 생각하나요? 어떤 전통과 문화가 존중되어야 하고, 그렇지 않은 것은 무엇일까요?

(함께 고민하고 말하고 싶어)

오랫동안 곳곳에서 우리의 다양성은 왜곡되고 차별받아 왔습니다. 아직도 어떤 정체성은 다른 정체성에 비해 열등하다며 비웃거나 낮추어 보기도 합니다. 비정상이라고 배제하며 차별과 혐오의 대상으로 만들기도 합니다. 심지어는 모두가 똑같은 정체성을 가져야 한다며, 강제로 교정을 시도하기도 해 왔습니다.

따라서 다양한 정체성을 존중하는 세상을 만들기 위해서는 많은 노력이 필요합니다. 현재 국제사회는 다양성 증진을 통해 인류 모두의 평화로운 공존과 번영을 이루고자 국제협약을 만들었습니다. 그리고 다양성 확산을 위한 여러 가지 실천이 국내외적으로 이어지고 있습니다.

1 다양성이 무엇인지 각자 나름의 정의를 해본다면, 어떻게 표현할 수 있을까요?

2 다양성은 나에게 어떤 의미가 있을까요? 내가 가진 남과 다른 특성이 무엇인지 살펴볼까요?

3 문화다양성의 관점에서 존중하고 보존해야 할 문화와 그렇지 않은 문화는 어떤 것이 있을까요? 그리고 존중과 보존 여부를 가르는 기준은 무엇일까요?

2부

다양성과
한국 사회

질문있어요

Q1. 행복과 다양성은 어떤 관계가 있나요?

Q2. 한국 사회의 어떤 모습에서 다양성이 부족하다는 거죠?

Q3. 다양성을 높이려면 어떤 노력이 필요한가요?

한국 사회는 놀라운 속도로 성장했습니다. 이제 더 이상 식민지에서 벗어나자마자 전쟁까지 겪은 매우 불행하고 가난한 저개발 국가가 아닙니다. 경제성장과 더불어 문화적 영향력도 커지면서 한국 사회 구성원의 자긍심도 함께 올라갔지요. 그렇다면 한국에 사는 사람들은 모두가 바라던 행복한 삶을 살고 있을까요?

행복은 매우 주관적인 개념으로 사람마다 행복을 느끼는 조건과 환경이 다릅니다. 그러나 현대 사회에서 사람과의 관계는 행복에 매우 큰 영향을 미치는 요소일 수밖에 없습니다. 바로 이 점에서 한국 사회의 다양성 존중 부족과 한국 사회 구성원의 행복을 연결 지어 생각해 보아야 합니다. 그동안 한국 사회가 겪어온 압축적 경제성장, 군사독재, 남과 북의 체제 경쟁, 가부장적 사회문화 등은 한국 사회를 더 권위적이고 획일화된 사회로 만들었습니다. 이런 다양성에 대한 억압은 한국 사회에 매우 큰 부작용을 낳았고 그 폐해가 이어지고 있습니다. 이번 장에서는 한국 사회를 괴롭히는 '행복하지 않은 한국 사회의 단면'과 '억압되어 온 다양성'에 대해 알아보도록 하겠습니다.

부유한 공동체,
행복하지 않은 사람들

한국인은 얼마나 행복할까요? 경제력과 문화적 자긍심이 높아진 지금, 과거보다 훨씬 행복하다고 느낄까요? 불행히도 그렇지 않다고 합니다. 그렇다면 왜 과거에 비해 훨씬 풍요로운 지금 한국인들은 행복하지 않다고 느끼는 걸까요?

'갑자기 부자가 된다면?', '복권에 당첨된다면?' 이런 상상해 본 적 있나요? 돈 걱정 없이 하고 싶은 것을 다 하고 산다면 얼마나 좋을까요? 하지만 이런 상상에는 혼자 무엇을 누린다기보다 누군가와 함께하는 상상을 같이하는 경우가 많습니다. 마음이 잘 맞는 친구, 애인, 가족과 함께하는 즐거운 상상이 더해지기 마련이지요.

물론 혼자서도 충분히 즐겁고 행복한 일상을 보낼 수 있습니다. 이런 방식을 추구하는 사람들도 있고요. 하지만 현대 사회에서 사람들과 관계하지 않고 살 수 있는 방법은 거의 없습니다. 지친 심신을 위로하기 위해 혼자만의 시간이 필요할 때도 있지만 이 경우에도 결국은 사람과의 피할 수 없는 관계에서 오는 피로를 해소하고 다시 사람들 앞에 서기 위해서일 때가 많아요.

경제와 문화 모두 면에서 풍요로운 한국

사람과의 만남과 교감에서 오는 행복이 있습니다. 특별히 무언가를 하지 않아도 같이 있는 것만으로 위로가 되기도 하죠. 기쁘고 슬픈 일을 누군가와 함께하는 것은 행복에 영향을 미치는 큰 요소예요. 바로 이 지점에서 오늘날 한국 사회가 겪고 있는 문제를 점검해 볼 수 있습니다.

한국은 일제강점기와 한국전쟁을 거치면서 많은 어려움을 겪었습니다. 하지만 많은 사람의 노력으로 세계에서 유례를 찾아보기 힘들 정도로 짧은 시간에 압축적인 경제성장과 민주화를 이루었지요. 그 결과 한국의 국내총생산GDP은 전 세계 10위권을 오르내리고, 1인당 국민소득도 3만 달러를 넘어 4만 달러에 곧 이를 거라고 합니다.

또 한국은 전쟁을 겪으며 모든 게 폐허가 되었고 자전거 하나 만들 수 없던 적도 있었지만 이제는 어떤 제품이든 한국에서 만들었다는 이유만으로 신뢰를 보이는 사람이 많습니다. 대표적으로 반도체, 핸드폰, 선박 등은 세계에서 1, 2위를 다투지요. 이제 한국은 경제적으로 매우 풍요로운 사회가 되었습니다.

단순히 경제적으로만 성장한 것이 아닙니다. 문화적 자신감도 커졌습니다. 식민 통치와 전쟁을 겪으며 가졌던 자존감 결여와 열등감이 사라졌어요. 한국에서 만든 드라마와 영화와 음악이 세계적으로 히트하고 세계 유수의 시상식에서 연달아 상을 받고 있지요. 모두 잘 아는 것처럼 K-pop은 전 세계에 어마어마한 팬층을 만들었고, 이런 한국 문화 열풍은 한국을 매우 매력적인 국가로 만들었습니다.

전 세계에 한국 문화를 알리고 한국어를 가르치는 세종어학당이란 곳이 있는데, 이곳의 한국어 수업은 매번 조기 마감된다고 합니다. 외국인의 한국어 능력을 검증하는 한국어능력시험TOPIK을 보는 사람도 매년 크게 증가하고 있고요. 한국으로 오는 이주노동자들도 한국을 선택한 주요한 이유 중 하나로 한류를 꼽는다고 합니다.

모두가 선망하는 한국, 그곳에 사는 우리는 행복한가?

그렇다면 많은 사람에게 선망받는 나라가 된 대한민국에 사는 우리는 얼마나 행복할까요? 놀랍게도 많은 한국인이 행복하지 않다고 말합니다. 우리 자신에 대한 평가가 너무 박한 것 아니냐고요? 한국인의 행복지수는 이미 여러 비교 조사를 통해 다른 사회보다 매우 낮다는 점이 확인되고 있습니다.

일례로 2022년 3월 발표한 '세계 행복 보고서World Happiness Report 2021'에 따르면 한국의 행복지수는 OECD 37개국 중 35위에 그쳤습니다.[6] 그뿐만이 아닙니다. 우리를 정말 우울하게 만드는 안 좋은 평가도 많습니다. 통계청이 발표한 2022년 사망원인 통계를 보면 한국의 자살률은 인구 10만 명당 25.2명으로 OECD 국가 중 가장 높습니다.● 최근에는 미국의 베스트셀러 작가 겸 인플루언서인 마크 맨슨Mark Manson이 한국을 여행하고 유튜브 계정에 업로드한 '세계에서 가장 우울한 국가를 여행했다'는 영상[7]이 화제가 되기도 했지요.

이상하지 않은가요? 한국 사회에서 어떤 일이 벌어지고 있는 걸까요? 바로 이 부분에 대해 깊이 생각해 보아야 합니

● 통계청, 2022년 사망원인 통계. 이 수치는 OECD 국가의 평균 자살률인 11.1명의 두 배가 넘는 수치입니다.

다. 문화 강국으로 이름을 떨치며 외국인들이 선망하며 오고 싶어 하는 나라에 사는 한국인들은 왜 행복하다고 느끼지 못하는 걸까요?

행복과 다양성
그리고 사회적 관계

행복은 지극히 주관적인 감정입니다. 생활환경 등 여러 조건이 같아도 어떤 이는 행복하고 어떤 다른 이는 불행하다고 느낄 수 있습니다. 하지만 사회 전체를 들여다보면 분명히 사회 구성원 모두가 행복을 느끼게 하는 매우 중요한 공통된 요인이 있습니다. 그중 하나가 바로 '사회적 관계'입니다.

행복한 삶은 다양성과 연결된다

한국 사회의 행복과 관련해서 눈여겨볼 조사 결과가 있습니다. 2021년 미국 여론조사 기관인 '퓨리서치센터Pew

Research Center'에서 한국을 포함한 주요 17개 선진국을 대상으로 어떤 요소가 삶을 의미 있게 하는지에 대해 사람들의 생각을 조사한 적이 있습니다. 이 조사에서 비교 대상 17개국 사람 대부분이 가족과의 관계 등 사회적 관계를 행복의 중요한 척도로 들었습니다.

생각해 보면 당연한 일 아닌가요? 아무리 재산이 많고 유명해도 가족, 친구, 이웃, 동료 등 내가 관계하는 사람들과 사이가 좋지 못하다면 행복할 수 없으니까요. 그런데 특이한 점이 있습니다. 이 조사에서 거의 유일하게 한국만이 삶을 의미 있게 만드는 첫 번째 요소로 물질적 '부'를 꼽았고, '사회적 관계'를 그다음으로 선택했다는 것이죠.

이 조사 결과로는 왜 한국인들이 다른 곳과 달리 '부'를 첫 번째로 선택했는지 알 수 없어요. 다만 이런 추측은 해볼 수 있겠습니다. 다른 조사 대상국인 서구 유럽 국가 등은 오래전부터 경제적 여유를 누리고 있었습니다. 여유가 있으니 삶에서 사람과의 '관계'가 경제적 '부'보다 행복한 삶에 더 중요하다는 것을 깨달은 것일 수 있습니다. 하지만 한국은 식민지에서 해방된 이후 전쟁과 분단이라는 최악의 환경에서 치열한 시간을 거쳤고 이제 막 일정한 소득 수준에 오른 국가입니다. 그래서 한국은 사회적 '관계'보다 경제적 '부'를 더 중요하게 여기게 된 걸 수도요.

이유야 어찌 되었든 내 삶을 의미 있게 만드는 첫 번째로 사회적 관계를 꼽은 것과 그렇지 않은 것은 큰 차이를 만들어 낼 수밖에 없습니다. 사회적 관계를 첫 번째로 꼽은 사회는 사회적 관계가 행복한 삶을 위한 최고의 가치이니 다른 요소들은 행복한 관계를 만들기 위해 활용되는 수단으로 쓰일 수 있습니다. 하지만 경제적 '부'를 첫 번째로 꼽은 사회는 '부'를 쌓기 위해 다른 것, 즉 타인과의 관계마저도 '부'를 쌓기 위해 희생할 수 있는 곳이라는 의미를 담고 있죠.

앞서 언급했던 미국의 작가 마크 맨슨도 유튜브 영상을 통해 한국 사회의 우울을 유교와 자본주의에서 찾으며 다음과 같이 진단했습니다.

"슬프게도 한국은 유교의 가장 나쁜 부분인 수치심과 판단력을 유지하면서 유교의 가장 좋은 부분인 가족 및 지역 사회와의 친밀감이 하락했다. 또한 자본주의에서 현란한 물질주의와 돈벌이에 대한 노력을 채택하면서 가장 좋은 부분인 자기표현과 개인주의는 무시했다. 이런 상충하는 가치관이 스트레스와 절망으로 이어지는 것 같다."[8]

우리는 어떤 방식으로든 사람들과 관계를 맺고 있습니다. 그 속에서 기쁨과 슬픔, 안도, 평안을 느낍니다. 그래서 사회적 관계는 우리의 행복을 좌우하는 매우 중요한 요소일 수밖에 없습니다. 그러나 타인과의 관계는 생각보다 쉽지 않습니다. 서로 다른 가치관과 정체성을 가진 이들과의 관계가 늘 온전히 평화로 이어지지는 않지요. 그래서 이때, 서로 다른 존재 간에 평화로운 관계를 맺고 유지하기 위해 '다양성' 존중이 필요합니다.

내가 가진 정체성이 내가 속한 공동체 또는 내가 관계하는 사람에게 받아들여지지 않는다면 안전하고 편안한 사회적 관계를 누리고 있다고 말하기 어렵겠죠? 행복한 사회는 내가 가진 그대로의 모습을 완전히 드러내고 자연스럽게 표현해도 부끄러워할 필요가 없어야 합니다. 또한 차별받을 수 있다는 위기감이 느껴지지 않아야 합니다. 그래야 행복한 삶을 누릴 수 있는 기본적인 환경이 조성됩니다.

사람들이 살고 싶어 하는 삼돌이 마을

강원도 영월에 삼돌이 마을이라는 곳이 있습니다. 본래 이 지역의 이름은 영월군 한반도면 운학1리지만 마을 주민들은 이곳을 '삼돌이' 마을이라고 부릅니다.

여기서 삼돌이는 '굴러온 돌', '박힌 돌', '굴러올 돌'이라는 뜻입니다. '굴러온 돌'은 마을에 들어온 귀농귀촌인, '박힌 돌'은 기존의 지역민, 그리고 '굴러올 돌'은 새롭게 귀농귀촌을 꿈꾸는 이들을 뜻합니다.

영월의 삼돌이 마을은 새롭게 이주해 온 이들과 기존의 마을 주민들이 함께 어울려 잘사는 마을로 알려져 있습니다. 다른 마을들이 점점 주민이 줄어드는 동안에도 이 마을 인구는 매년 증가하고 있죠. 이주민을 환영하는 행복하고 평화로운 마을이라는 점이 알려지면서 더욱 많은 사람이 이 마을로 오고 싶어 하거든요. 지금도 삼돌이 마을에는 매년 10가구가 넘게 새롭게 이주해 오고 있습니다.●

무엇이 삼돌이 마을을 사람들이 살고 싶어 찾아오는 곳으로 만들었을까요? 10여 년 전만 해도 이 마을은 도시에서 이주해 온 이들과 기존 주민 간에 갈등이 심했다고 합니다. 도시에서 온 이주민들은 기존 지역민들이 자신들을 마을 주민으로 받아들이지 않고 자기들끼리만 어울린다고 생각했어요. 기존 마을 주민들은 도시에서 온 이주민들이 마을 사정을 너무 모르고 자기들을 시골 사람이라 무시한다고 생각했죠. 이들의 갈등은 계속해서 깊어져만 갔어요.

● 2022년을 기준으로 126가구 221명이 이곳에 살고 있는데, 이중 새롭게 이곳에 이사 온 이주민이 전체 주민의 80%가 넘습니다.

잘 알려진 것처럼 한국 사회의 인구 감소는 농어촌 지역이 훨씬 심각합니다. 인구 감소, 고령화, 지역 소멸의 위기가 심각해지자 인구 감소 지역마다 귀촌귀농하는 사람들을 유치하려고 사활을 걸고 있죠. 그러나 귀농귀촌 자체가 행복을 보장해 주는 것은 아닙니다. 마을에 이주해 와서 좋은 집을 짓고 여유롭게 산다고 해도 그것으로 행복한 삶을 위한 모든 조건이 충족되는 것이 아니거든요. 농어촌은 이웃 간의 관계가 도시보다 훨씬 밀접합니다. 행복한 삶을 꿈꾸며 귀촌했지만, 마을 주민과의 갈등을 풀지 못해 다시 도시로 돌아가는 사례도 늘고 있죠. 농어촌 지역은 도시보다 서로의 도움이 좀 더 필요해서 사회적 관계가 행복한 삶에 훨씬 더 큰 영향을 미칩니다.

갈등을 풀어낸 삼돌이 마을의 해법

새롭게 이주해 온 이들과 기존 마을 주민 간의 갈등은 삼돌이 마을에서도 예외가 아니었어요. 이런 갈등을 해결하고 행복한 마을을 만들기 위해 삼돌이 마을 주민들은 모두가 적극적으로 관계 개선에 나서기 시작했지요. 주민 모두가 서로가 다르다는 점을 이해하고 서로의 다양성을 존중하고 공존하기 위해 많은 활동을 펼치기 시작한 겁니다.

우선 도시에서 온 이주민과 기존 주민 간에 서로 이해하지 못했던 부분 중 하나가 폐비닐 문제였습니다. 도시에서 온 이주민은 자연경관을 해칠 뿐만 아니라 환경에도 악영향을 끼치는 폐비닐을 마을 이곳저곳에 방치하는 것이 매우 못마땅했습니다. 그러던 어느 날, 농사를 짓는 기존 주민과 대화를 나누다가 폐비닐을 수거하지 않는 것이 아니라 못하고 있다는 것을 알게 되었지요. 노인이 대다수인 농촌이다 보니 폐비닐을 수거해서 철거할 사람도 차량도 없었던 거예요.

이 사실을 알게 된 도시에서 귀촌한 이주민들이 적극적으로 나서기 시작했습니다. 폐비닐을 함께 수거하고 폐축사를 철거하며 신뢰를 쌓아나갔지요. 이렇게 쌓은 신뢰 위에서 각자의 취미활동 소모임을 만들어 자연스럽게 모이기 시작했습니다. 그리고 점점 만나고 이야기하는 시간을 늘려 접점을 만들어갔죠.

2015년부터는 '삼돌이 축제'라는 마을 축제를 매년 개최하기 시작했습니다. 주민 100여 명이 참석해서 80세를 기준으로 나누어 나이가 많은 어르신께 인사하는 단배식도 매년 치르고 있습니다.

삼돌이 마을 사람들이 이주민과 기존 마을 주민과의 관계를 얼마나 중요하게 생각하는지는 2020년에 시작한 주민 역할극에서도 찾아볼 수 있습니다. 주민 간의 실제 갈등과 에피소드를 역할극으로 만들어 마을 주민들이 입장을 바꾸어 참여해서 서로의 고충을 이해하려 노력한 거죠. 2021년에는 귀촌인 일곱 명과 기존 주민 세 명이 참여해 귀촌한 중년여성들이 겪은 에피소드와 갈등을 담은 트로트 뮤지컬 〈삼돌이 마을〉을 만들었습니다.

현재 삼돌이 마을에서는 매년 두 차례 귀농귀촌 체험 교육(삼돌이 학교)을 운영하고 있습니다. 삼돌이 학교의 9박 10일 간의 교육 과정은 사람들이 일반적으로 상상하는 것과는 조금 다릅니다. 농장 체험이나 토지·주택 마련 방법, 농촌 창업 등과 같은 귀농귀촌에 필요한 실무적인 내용도 있지만 전체 과정 중 절반가량이 이웃과의 소통, 이해, 다양성 존중과 같은 내용으로 채워져 있어요. 바로 이 부분이 삼돌이 마을이 다른 마을과 달리 이주민이 많이 찾는 마을이 된 비결입니다.

'친구는 선택할 수 있지만 이웃은 선택할 수 없다'는 말이 있습니다. 이웃과 동료가 가진 다양한 모습을 존중하고 평등한 관계를 맺는 것이 행복의 시작이에요. 다양성을 존중하면 나도 행복하고 당신도 행복한 사회를 분명 만들 수 있습니다.

다름을 인정하지 않는
불관용의 한국 사회

행복을 위해 꼭 필요한 것 중 하나가 바로 '안전'입니다. 신체나 재산에 대한 안전은 물론 심리적인 안정도 매우 중요하지요. 다양성과 사회적인 안전은 사실 매우 밀접하게 연결되어 있습니다. 타인의 다양한 정체성과 다름을 존중하지 않는 사회에서는 그 누구도 안전한 삶을 누릴 수 없기 때문이죠.

그렇다면 과연 한국 사회는 얼마나 안전한 사회일까요? 한국 사회는 전 세계적으로 매우 안전한 나라라고 합니다. 한국 사회 구성원들도 한국을 범죄가 매우 적고 안전한 나라로 자부하고 있어요. 하지만 정서적, 심리적인 안정은 어떨까요? 한국 사회 구성원은 얼마나 안전한 사회에서 살고 있을까요?

한국 사회의 관용도 점수는?

2018년 영국의 국영방송인 BBC에서는 한국을 포함한 전 세계 주요 27개국에 사는 사람들에게 똑같은 질문을 했습니다.

"당신은 당신과 견해, 배경, 문화가 다른 이들에게 관용적입니까?"

이 질문에 응답한 한국인 중 단 20%만이 '그렇다'고 응답했어요. 조사 대상국 중 뒤에서 두 번째인 26번째로 낮은 응답이었습니다. 이를 통해 전 세계적으로 한국 사회의 관용도가 매우 낮다는 것을 알 수 있었어요.

한국보건사회연구원이 1995년부터 2015년까지 5년 주기로 조사해서 2017년 발표한 내용을 보면 한국의 사회통합 수준은 OECD 국가 중 20년째 꼴찌 수준입니다.[9] 또한 2019년 발표한 사회통합 수준에 대한 한국인들의 평가[10]를 보면 한국 사람들은 스스로 한국 사회의 사회통합 수준을 10점 만점에 4.17점으로 평가했어요. '차별과 소외가 심한 사회(0점)'에 가까운지 '배려와 포용의 사회(10점)'에 가까운지에 대한 평가에서는 4.53점이었고, '서로 믿지 못하고 의심하는 사회(0점)'에 가까운지, '서로 믿고 살아가는 사회(10점)'에 가까운지를 평가했을 때는 4.48점에 불과했지요.

'활력이 있고 희망찬 사회'인지를 묻는 평가에서는 4.80점,

'경제적 희망, 미래에 대한 희망이 있는 사회'에 대한 물음에는 4.51점, '서로의 의견을 경청하고 이해하려 노력하는 사회' 여부에 대해서는 4.57점이었습니다.

이러한 여러 조사 결과를 보면, 한국인은 스스로 한국 사회의 사회통합 수준을 매우 어둡게 보고 있으며, 장래도 썩 밝지 않다고 생각하고 있다는 것을 알 수 있습니다.

불관용이 차별을 낳고 혐오를 키우고

어떤 사회든 문제가 없는 곳은 없습니다. 다양한 사람이 모여 사는 사회이므로 사람 간의 갈등은 피할 수 없지요. 그래서 갈등은 해결하거나 없애는 것이 아니라 관리하는 것이라 말하기도 합니다. 각자가 가진 차이를 얼마나 이해하고 존중하려 노력하는지가 훨씬 중요하다는 것이지요. 그래서 관련한 교육이나 교류 활동, 적극적인 소통이 지속해서 이루어져야 하는 거고요.

그러나 앞선 보고서에서 보듯, 한국 사회는 다른 사람의 차이를 인정하거나 수용하려는 노력이 매우 부족하다는 평가를 받고 있습니다. 그리고 사람 간에 벌어지는 갈등은 결국 다른 사람에 대한 차별로 이어지는 경우가 많지요. 뉴스만 봐도 한국 사회에서 벌어지는 다양한 차별을 접할 수 있습니다. 장애인, 외국에서 온 이주민, 어린이와 청소년, 노인, 여성 때로는 성소수자, 심지어 어떤 지역이나 아파트에서 살고 있다는 이유만으로 차별받는 일들이 매우 빈번하게 벌어지고 있습니다.

예를 들어 식당에서 식사할 때 아이들이 큰 목소리로 떠들거나 뛰어다닌다면 기분이 좋지 않을 수 있습니다. 그래서 일부 사람들은 조용히 식사할 권리를 주장하며 어린아이들을 입장시키지 말 것을 요구하지요. 그 결과 2023년 기준으로 한국에는 5세 미만의 아이들 또는 아이들은 입장할 수 없다고 하는 소위 노키즈존 카페와 식당이 400여 곳이 넘는다고 합니다.[11]

특정한 사람들을 배제하는 현상은 비단 어린아이들에게만 그치는 것이 아닙니다. 할머니와 할아버지를 입장하지 못하게 하는 '노시니어존', 중년 남성을 배제하는 '노아재존', 대학가 앞에서는 대학교수를 입장 금지하는 '노프로페서존'도 있습니다. 이뿐만이 아니라 아프리카인 금지나 동남아인 금지 같은 노골적인 인종차별 문구를 붙여 사회적으로 지탄받은 사례들도 있어요. 현재 한국 사회는 서로를 배제하고 아주 강하게 밀어내고 있습니다.

이뿐만이 아닙니다. 서로를 향한 혐오 표현 또한 점점 심

해지고 때와 장소를 가리지 않고 있어요. 2019년 국가인권위원회에서 혐오 표현에 대한 청소년 인식 조사를 진행했는데요. 이 조사에서 청소년 열 명 중 일곱 명이 혐오 표현을 접하고 있다고 응답했습니다. 혐오 표현을 접한 장소는 온라인 82%, 학교 57%, 학원 22%, 집 13%로 나타났습니다(복수 응답). 혐오 표현이 학교 안과 밖, 가정 등 모든 곳에서 나타난다는 것을 알 수 있죠. 누구로부터 혐오 표현을 들었는지에 대한 질문에는 친구 54%, 학교 선생님 17%, 학원 선생님 9%, 부모님과 가족 10%로 조사되었습니다. 친구, 선생님, 부모와 가족 등 자기 주변 사람에게서 혐오 표현을 듣고 있는 것이죠. 즉 나와 관계없는 타인이 아니라 가까운 이들이 혐오와 차별의 피해자이자 가해자가 되는 것입니다.

이 조사를 통해 우리는 모두 각자의 양심과 선의에 의해 행동하지만, 사회는 서로를 향한 혐오로 넘쳐나고 있음을 알 수 있습니다. 이제 각자가 생각하는 선한 의지와 선량한 정신만으로는 이러한 상황을 벗어나기 어려울 듯합니다. 오랜 세월 공고화된 획일적인 사회 이데올로기가 우리의 다양성을 억압하고 왜곡하고 비틀어 놓았기 때문입니다. 그리고 이런 비틀린 사고와 편견이 한국 사회 구성원 각자의 마음속에 내면화되어 있기 때문이죠. 적극적이고 빈번한 가해자가 아니라고 해도 혐오와 차별은 바로 나 자신으로부터 나오고 있을지 모릅니다.

국제사회의 경고와 권고

한국 사회에서 타인이 가진 차이를 인정하거나 수용하려는 노력의 부족은 나와 다른 존재와 사회적 소수자에 대한 차별 행위로 이어지고 있습니다. 그래서 국제사회는 오래전부터 한국에 다양한 방식으로 경고하고 있죠. UN 경제·사회·문화적권리위원회UN Committee on Economic, Social and Cultural Rights(약칭 '사회권 위원회')는 2017년 10월 9일 대한민국 정부의 제4차 보고서를 심의하고 한국 사회의 문화다양성 부족에 우려하여 다음과 같이 권고했습니다.[12]

"위원회는 당사국 시민의 다문화주의 수용이 낮다는 것에 우려한다. 위원회는 비시민의 사회통합을 촉진하기 위한 조치를 인지하면서도 문화다양성을 증진하는 정책이 부족하다는 점을 우려한다.
위원회는 다음을 당사국에 권고한다.
비시민에 대한 편견에 대처하는 것을 포함하여 시민에게 문화다양성의 가치를 장려할 것
문화다양성 수용 정도에 관하여 취한 조치의 영향을 모니터링할 것.

위원회는 당사국에 모두가 문화적 삶에 참여할 수 있는 권리에 대한 일반논평 제21호(2009)를 제시한다."

또한 UN 시민적 및 정치적 권리 위원회UN Human Rights Committee(약칭 '자유권 위원회')는 2015년 12월 3일 '대한민국 제4차 정기 보고서'에 관한 최종 견해에서 성적 지향에 대해 언급하며 아래와 같이 권고했습니다.

"또한 당사국은 성적지향과 성정체성에 관해 인지도를 높이고 다양성에 대한 존중을 위한 공공 캠페인과 공무원 훈련을 개발하여 시행해야 한다."[13]

그뿐 아니라 UN의 인권과 관련한 여러 조약 위원회에서는 한국 정부에 포괄적 차별금지법 제정을 통해 차별 행위에 단호하게 맞서라고 주문하고 있습니다.

한국은 언제부터 불관용 사회가 되었을까?

한국 사회는 본래부터 다른 사회에 비해 타인에게 불관용적이고 서로를 배제하는 곳이었을까요? 가부장적 인식이 강하고 다양성의 가치가 비교적 존중되는 문화는 아니었지만 한국 사회가 다른 나라보다 더 가혹하게 획일화된 곳이었다고 말하기는 어렵습니다.

하지만 근대를 지나며 겪어왔던 일들을 생각해 보면 현재 한국 사회의 다양성 부족이 이해되는 측면이 있습니다. 20세기에 들어 한국은 36년간 일본 식민 지배를 받다가 해방되었고, 불과 5년 후에는 남과 북으로 갈라서 3년간 전쟁을 치렀습니다. 이후 군사쿠데타, 체제 경쟁, 압축적 경제성장, 광주민주화운동 등 치열한 민주화 과정을 매우 짧은 시간 안에 겪게 되었죠.

제조업 위주의 대량생산 체제의 효율성만을 강조하던 산업화의 시기에는 사회 구성원에게 커다란 기계의 부품처럼 똑같은 일을 매우 빠르게 반복하게 했습니다. 더욱이 남과 북으로 갈라져 민주주의와 공산주의 체제 경쟁을 했어요. 군부가 정권을 잡고 있던 시기였으므로 정부와 정권이 원하는 이야기 외에 다른 말을 한다는 건 매우 어려웠지요. 내가 가진 다른 생각을 밖으로 내비치는 것 자체가 체제에 반대하는 것으로 몰릴 수 있어 지극히 위험한 일이었어요.

또한 한국 사회에는 대한민국은 단일한 민족으로 이루어진 나라라는 단일 이데올로기가 퍼져나갔고, 단일 이데올로기는 사회를 통제하는 수단으로 작동되기도 했습니다. 결국 한국 사회는 사회 각 구성원이 각자의 생각과 표현보다는 모두가 똑같은 생각과 행동을 하는 것이 미덕처럼 여겨졌어요. 그리고 이는 어느 순간 사회 구성원의 당연한 의무로 강요되기 시작했습니다. 단일성과 동질성이 한국 사회 전체를 지배하는 최고의 가치가 된 거죠.

그동안 한국 사회는 '단일한', '통일된'이란 단어의 의미가 '빠른', '생존에 유리한', '효율적인', '원만한', '국론통일'과 같은 의미로 사용되었습니다. 반면 '다양한', '남과 다른'이란 말은 '국론분열', '느린', '튀는', '조직 부적응', '비효율적인', '생존 불가'의 의미로 읽혀 '비정상', '올바르지 않은' 등의 의미로 사용되었어요.

10.5×6cm 속에 갇힌 다양성

식당에서 주는 공깃밥을 담는 그릇을 유심히 살펴본 적 있나요? 서울에서도 강원도에서도 제주도에서도 대한민국 어느 지역을 가든 똑같은 형태의 그릇에 밥이 담겨 나올 때가 많습니다. 반찬 그릇은 달라도 밥그릇은 스테인리스로 된 일정한 규격의 그릇에 담겨 나오지요. 전 세계에서 한국처럼 전국적으로 통일된 형태의 밥그릇을 쓰는 곳이 또 있을까요? 사실상 한국에서만 널리 쓰이는 이 스테인리스 밥그릇은 지역을 가리지 않고 쓰입니다. 마치 암묵적인 어떤 규칙이 있는 것처럼요.

식량 통제 수단이 된 스테인리스 밥그릇

예전 한국 사회는 지금 쓰고 있는 밥그릇보다 매우 큰 밥 사발에 밥을 위로 쌓아서 먹었습니다. 이를 '고봉밥'이라고 불렀지요. 그 당시 식당들은 밥 인심이 좋아 밥만큼은 먹고 싶은 만큼 더 주는 곳이 많았어요.

그러나 당시 한국은 계속해서 식량 부족에 시달리는 국가였어요. 가을에 추수한 곡식이 떨어지고 봄에 보리가 나오기 전까지 사람들은 굶주려야 했고, 이때를 의미하는 보릿고개를 매년 겪고 있었죠. 정부는 어떻게 하면 이 식량 부족을 해소할 수 있을지 여러 방안을 고민하다가 '성인 1인분 정량'이라는 방법을 생각해 냈습니다. 그때부터 스테인리스 밥그릇이 식량 통제 수단으로 사용되었는데요. 음식 인문학자 주영하 교수는 《한국인은 왜 이렇게 먹을까?》에서 이에 대해 자세히 풀어놓았습니다.

1973년 1월 서울시장은 표준식단을 제시하고 반드시 밥을 돌솥밥이 아닌 공기에 담아내도록 계몽에 나섰어요. 국가 통제가 서슬 퍼런 시기였지만 이 조치를 따르는 업주들은 매우 드물었다고 합니다. 그러자 1974년 12월 4일, 중앙정부 차원에서 음식점의 돌솥밥 판매를 금지하고 스테인리스 밥그릇에만 밥을 먹도록 행정명령을 시행합니다. 이후 서울시는 1976년 7월 13일 스테인리스 밥그릇 규격의 내면을 더 줄인 규정을 발표했어요. 지름 11.5cm, 높이 7.5cm였던 공깃밥 그릇의 크기를 지름 10.5cm, 높이 6cm로 줄이고 5분의 4만 밥을 담도록 하는 규정이었어요. 이 규정을 1회 위반하면 1개월 동안 영업정지를, 2회 위반하면 식당 운영 허가가 취소되었습니다.

1981년에 이르러서는 보건사회부가 훈령을 통해 서울시에서 규정한 스테인리스 밥공기 규격을 전국으로 확대 적용하기에 이르렀어요.[14] 결국 전국의 식당들이 똑같은 모양과 크기의 밥그릇을 쓰게 되었고 현재까지 한국 사회에 널리 퍼지게 된 겁니다. 그리고 이것이 사회적으로 성인 1인분 정량처럼 받아들여지게 되었습니다.

규제는 사라졌지만 밥그릇은 아직도?

성인 1인분으로 자리 잡은 밥공기의 규격이 모두에게 적절할 리 없습니다. 사람은 모두 체격이 다르고 식욕도 다르므로 누구는 공깃밥 두 공기는 먹어야 배가 부르고, 또 누구는 공깃밥 한 개의 양이 많아 밥을 자주 남기게 되었죠. 공깃밥 두 개는 많고 하나는 부족한 사람들은 옆 사람 의견을 물어 같이 시키기도 했고요. 물론 식당마다 밥을 담는 정도가 다르기는 했어요. 어떤 곳은 밥을 꾹꾹 눌러 담고 어느 곳은 매우 성기게 담았으니까요.

한국 사회의 여러 사정이 좋아지면서 쌀 생산은 어느 정도 자급할 수준이 되었고 경제가 발전하면서 필요한 식량을 충분히 수입할 수 있게 되었어요. 이제 더는 식량 부족을 걱정하지 않게 되었으니 굳이 밥양을 통제하지 않아도 된 거죠. 그래서 밥그릇의 규격과 밥을 밥공기의 5분의 4만 담아야 한다는 행정명령도 어느샌가 사라졌습니다.

하지만 한번 쓰기 시작한 10.5×6cm 크기의 스테인리스 밥그릇은 아직도 전국의 많은 식당에서 사용하고 있어요. 식량 부족으로 생긴 규제가 그 이유가 사라진 후에도 작동하고 있는 거죠. 이는 국가 차원의 획일화된 통제가 사회에서 어떤 방식으로 구현되는지를 잘 보여주는 사례라고 볼 수 있습니다.

다행히 요즘은 유기그릇이나 사기그릇을 쓰는 한정식집도 있고, 내부가 이중으로 되어 크기는 같아도 밥이 적게 들어가는 밥그릇을 사용하는 국밥집도 있습니다. 음식의 종류에 따라 다른 밥그릇을 쓰는 식당도 종종 볼 수 있고요. 그리고 지금은 스테인리스 밥그릇의 크기가 더 줄었다고 합니다.

너무 익숙해서 이상한 것들

시간이 지나면서 단단한 획일성에 조금씩 금이 가고 있긴 하지만, 이처럼 한번 작동한 획일화의 과정은 사람들이 다른 무엇을 상상할 수 없게 만듭니다. 또 우리 주위에는 태어나서 한 번도 다른 것을 보거나 경험한 적이 없어서, 혹은 너무 익숙하고 당연해서 어색하거나 이상함을 느낄 수 없는 것들이 많아요.

수없이 많은 예가 있겠지만 일단 성별 고정관념에 대해서 살펴보겠습니다. 남자들은 정말 파란색을 가장 좋아하고 여자들은 분홍색을 가장 좋아할까요? 아이들 학용품의 색깔은 어떤 이유로 여자아이는 분홍색으로, 남자아이는 파란색으로 나누었을까요? 남자아이들은 로봇이 필요하고 여자아이들은 귀여운 인형이 필요한가요? 여자들은 꽃꽂이와 요리를 좋아하고 남자들은 거친 스포츠를 더 좋아하나요? 치마는 왜 여자들만 입나요?

방송사의 메인 간판 뉴스에 등장하는 중년 남성 앵커와 젊은 여성 앵커는 어떤가요? 왜 남성은 왼쪽에 여성은 오른쪽에 앉아 남성 앵커가 먼저 인사를 하고 주요 뉴스를 먼저 전할까요? 이런 구도의 뉴스를 평생 보아왔다면 왜 그런지에 대한 의문조차 들지 않을 정도로 익숙해져 버리겠죠. 요즘 방

MBS
NEWS

송은 다른 모습을 보여주기도 하지만 얼마 전까지만 하더라도 예외를 찾아보기 매우 어려웠습니다.

집마다 있는 싱크대는 왜 똑같은 높이일까요? 현재 한국에서 사용하는 싱크대의 표준 높이는 80~85cm라고 합니다. 한국가구시험연구원이 과거 여성의 평균 키 155~160cm에 맞추어 설계한 높이죠. 그러다 보니 평균 키가 높은 남성은 설거지를 할 때 등이나 허리 통증이 생길 수밖에 없어요. 또한 여성의 평균 키도 그동안 높아져서 20대의 경우 161cm가 넘는다고 합니다. 이에 따라 최근에는 집을 새로 짓거나 가구를 바꿀 때, 가족 모두가 이용할 수 있도록 높이를 조절할 수 있는 제품을 설치하는 경우도 많습니다.

이처럼 너무 익숙해서 한 번도 생각해 보지 않았던 것 중 실제로는 그렇게 할 합리적인 이유가 없는 것이 많습니다. 한때는 표준으로 세울 만한 이유가 있었더라도 말이죠. 한번 시작된 일상의 관성을 바꾸려면 또 다른 큰 에너지와 많은 시간이 필요합니다. 너무 익숙해서 무심코 넘겼지만 꼭 그렇게 하지 않아도 되는 것들은 무엇이 있는지 우리 주변을 둘러보고 유심히 살펴보면 좋겠습니다.

경기장에서는 반말로,
항공기 조정석에서는 영어로

가부장적 문화와 군부 독재, 체제 경쟁 등은 한국 사회를 다양성을 인정하지 않는 획일화된 사회로 만들었습니다. 상명하복식의 잘못된 위계는 사회를 더욱 경직되게 만들어 사회 모든 분야에 큰 영향을 끼치게 되었고요. 결국 사회 곳곳에 여러 가지 부작용을 낳았습니다.

경직된 위계를 내려놓고 이룬 월드컵 4강 진출

2002년 월드컵에서 한국 축구 국가대표팀은 포르투갈, 이탈리아, 스페인 등 축구 강국들을 잇달아 물리치며 월드컵 출전 이래 최초로 4강에 올랐습니다. 그날의 기쁨과 감동은 20년이 넘은 지금도 자주 회자됩니다. 2002년 전까지 한국 축구 국가대표팀은 총 다섯 차례 월드컵 본선에 진출했지만 4무 9패로 단 1승도 거두지 못했습니다. 아시아권에서는 상위권이라고 자부했지만 세계 정상권 팀들과는 큰 격차가 있었지요. 그런 한국팀이 세계적인 축구 강국들을 잇달아 물리치고 4강에 올랐으니 가히 전 세계적으로도 매우 놀라운 일이었고, 이 기쁨은 말로 표현하기 어려울 정도였어요.

많은 사람이 한국 축구 국가대표팀의 예상을 뛰어넘는 좋은 성적에 대해 여러 해석을 내놓았습니다. 집중적인 지원, 장기간의 합숙 훈련, 자국대회라는 장점, 선수들의 능력과 의지, 무엇보다 거스 히딩크Guus Hiddink 감독을 중심으로 한 감독과 코치진의 뛰어난 능력을 꼽았지요. 히딩크 감독은 2002 한일월드컵 이후 한국에서 영웅으로 떠올랐어요. 그는 대회가 끝난 이후 한국 대표팀을 둘러싼 여러 가지 에피소드를 밝혔는데, 그중 하나가 바로 국가대표팀 선수들의 선후배 간 관계에 관한 것이었습니다.

히딩크 감독이 파악한 한국 축구팀의 문제 중 하나는 바로 경직된 서열 문화였습니다. 후배들은 패스 한 번, 슛 한 번 할 때마다 선배들의 눈치를 살펴야 했고, 실수했을 때 받게 될 눈초리나 훈계를 걱정하느라 자유롭고 창의적인 플레이를 하기 어려운 상황이었다고 합니다. 점심시간에도 선배들이 먼저 음식을 가져가야만 그다음 선수들이 음식을 가져갈 수 있었고, 나이순으로 테이블을 나누어 먹었으며, 식사가 끝날 때까지 서로 대화도 하지 않았다고 합니다. 당연히 자유로운 의사소통을 기대하기 어려웠지요.

히딩크 감독은 이런 경직된 위계가 지배하는 분위기에서는 선수들이 자신이 가진 실력을 발휘하기는커녕 창의적인 플레이가 나올 수 없다고 판단했습니다. 그래서 하루는 당시 대표팀에서 나이가 어린 이천수 선수에게 특별한 지시를 내렸다고 합니다. 식사 시간에 제일 고참 선수이자 주장이었던 당시 34세의 홍명보 선수 앞에 가서 반말로 "명보야 밥 먹자!"라고 말하라고 시킨 거죠.[15] 이천수 선수는 감독의 명령이니 따를 수밖에 없었고 홍명보 선수는 평소 눈도 마주치지 못하던 후배의 이런 행동에 무척 당황했다고 합니다.

이런 이벤트를 시작으로 히딩크 감독은 선수 간 불필요한 위계를 깨고 자유로운 소통을 위해 노력했습니다. 선수들도 감독의 의도를 알고는 이를 실천하기 위해 노력했고요. 식사를 같이하는 것은 물론이고 자유롭게 의견을 교환하기 위한 여러 가지 시도를 했는데, 그중 하나가 경기장 안에서 모든 선수가 호칭을 생략하고 반말로 소통하는 것이었습니다. 그간 한국 사회의 선후배 관계와 더욱 경직된 체육계의 당시 상황을 생각하면 정말로 일어나기 어려운 일이었죠.

물론 이런 조치만으로 모두가 예상하지 못한 4강 진출을 이루어낸 것은 아닐 겁니다. 하지만 이런 시도를 통해 한국 사회와 그 구성원들을 옥죄고 있던 단단한 위계가 꼭 필요한 것이 아니었음을 확인할 수 있었습니다. 자유로운 의사소통을 통해 더 나은 결과를 만들 수 있음을 보여준 것입니다.

경직된 위계가 불러온 비행기 사고

다양성이 부족한 한국 사회에서 권위적인 사회 분위기와 경직된 위계질서는 때로는 정말 불행한 사건의 원인으로 지목되기도 했습니다.

1999년 12월 22일 런던 스탠스테드 공항을 출발해 밀라노로 향하던 대한항공 8509편이 이륙한 지 1분여 만에 추락하는 사건이 벌어졌습니다. 조종사, 부조종사, 기관사, 정비사 전원이 사망한 매우 안타까운 사건이었죠. 승객을 가득 실은 여객기가 아니라 화물기였던 탓에 크게 주목을 받진 못했지만, 당시 연이은 항공기 사고가 있었던 대한항공은 이 사건으로 매우 큰 어려움을 겪게 되었습니다. 2년 전인 1997년 대한항공 801편이 괌에 추락해 254명 중 228명이 사망했고, 2년 후인 1999년 4월에는 중국 상하이 공항을 이륙한 대한항공 화물기가 추락해 승무원 3명 전원과 주민 5명이 숨졌기 때문이죠. 상하이 사고 이후 델타항공, 에어캐나다, 에어 프랑스는 대한항공과 업무 제휴 관계를 중단했습니다.[16] 그리고 같은 해 12월 런던 스탠스테드 공항 추락 사고 이후 결국 미국 국방성은 직원들에게 공무로 여행할 때 대한항공을 이용하지 말도록 했습니다.[17]

런던 스탠스테드 공항에서의 대한항공기 사고 직후 영국의 항공사건조사위원회AIB, Air Accident Investigation Branch는 즉시 조사에 착수했는데 이 과정에서 매우 중요한 몇 가지 사실을 확인할 수 있었습니다. 그중 하나가 자세방향지시계ADI, Attitude Direction Indicator의 오작동이었는데요. 비행기가 얼마나 기울어졌는지를 확인하는 ADI라는 장치는 항공기 운항과 안전에 매우 중요한 장치입니다. 그래서 현대 항공기에는 이 장치의 고장에 대비해 기장 앞에 하나, 부기장 앞에 하나, 그리고 예비용으로 기장과 부기장석 가운데 중앙 패널에 하나가 더 있다고 해요. 영국에서 추락한 8509편에는 기장의 ADI가 정상 작동되지 않는 상황이었는데 기장은 이 사실을 알지 못했다고 합니다. 더구나 어두운 밤이라서 비행기가 얼마나 기울어졌는지를 확인하기 어려웠지요.

비행기가 이륙한 직후 문제가 발생했어요. 기장이 비행기

방향을 조종하기 위해 조종간을 왼쪽으로 틀었으나 기장 앞의 고장 난 ADI는 작동하지 않았던 거죠. 물론 실제 기체는 왼쪽으로 방향을 틀고 있었어요. 계기판이 이를 표시하지 못한 거예요. 기장은 비행기 방향이 원하는 만큼 돌지 않았다고 판단해 왼쪽으로 방향을 더 틀었어요. 비행기는 점점 더 기울어졌지요.

기관사와 부기장은 항공기가 왼쪽으로 너무 기울었다는 것을 곧 알아챘습니다. 자신들이 보는 계기판에는 기체가 기울었다고 정상적으로 표시되었던 거죠. 고장 난 ADI가 있다는 경고음이 이륙 직후부터 계속 나왔지만 기장을 비롯해 아무도 이에 대해 이야기하거나 상의하지 않았어요. 그러다 상황이 심각해지자 기관사가 경사각이 표시되지 않는다고 말했습니다. 하지만 기장은 아무런 대꾸를 하지 않았어요.[18]

"기장님 너무 기울었어요!"

그런데 기장은 그 말을 다시 무시하고 아무런 조치 없이 계속해서 조종간을 틀었습니다. 더 이상한 것은 부기장의 태도였죠. ADI가 정상 작동하던 좌석에 있던 부기장은 어떤 말도 하지 않았어요. 기장에게 경고음을 들으라고 말해야 했지만 하지 않았죠. 기장의 계기판이 고장 나서 정확한 판단을 할 수 없는 상황이 되면, 부기장은 "제 ADI가 정상 작동하니 제가 조종하겠습니다. 조종 권한을 넘기세요."라고 말해야 했습니다. 하지만 부기장은 비행기가 추락할 때까지 아무런 말을 하지 않았습니다. 이후 영국 항공사건조사위원회 조사팀은 경고음이 울리고 비행기가 계속 기울고 있는데 왜 아무도 대처하지 않았는지 매우 의아해했습니다. 목숨이 경각에 달렸는데 어떻게 대화를 하지 않은 건지 이해할 수 없었던 거죠.

영국 항공사건조사위원회[19]는 모의 비행 장치를 통해 만약 기장이 기관사의 말을 들었다면 사고를 막을 수 있었을지 모의실험을 해보았습니다. 그 결과 만약 기장이 기관사의 지적에 바로 대처했다면 추락하지 않았을 거란 걸 확인했죠. 영국 항공사건조사위원회 조사팀은 승무원 간의 소통 문제가 이번 사건의 주요 원인 중 하나라고 판단하고 소통 부재의 원인을 파악하기 위해 한국을 방문했습니다.

조사팀은 대한항공 훈련 과정을 직접 지켜본 뒤 조종사들 사이에 경직되고 뚜렷한 위계질서가 존재하며, 바로 이점이 비상 상황에서의 대처를 어렵게 한다는 점을 확인했어요. 훈련 과정에서는 부기장이 위기 상황에 대처해야 한다고 가르치지만 한국처럼 경직된 위계질서가 있는 사회에서는 부기장이 기장으로부터 조정 권한을 가져와 비행기를 조종한다는 게 사실상 불가능하다는 걸 알게 된 거죠. 결국 조사팀은 대한항공 8509편 추락의 원인 중 하나는 '한국 사회의 경직된 위계'라는 결론을 내립니다. 영국 항공사건조사위원회는 조사보고서를 제출하면서 "대한항공은 해외에서 들여와 실시하는 훈련 프로그램의 업데이트가 필요하며 한국 문화를 적용해 수정하라."는 것을 첫 번째 권고사항으로 언급했습니다.[20]

대한항공 조종석에서의 경직된 위계가 항공기 안전에 큰 영향을 미치므로 시정이 필요하다는 것은 이전 사고에서도 계속 지적되던 것이었습니다. 영국에서의 추락 사건이 있기 2년 전인 1997년 발생한 대한항공 801편의 괌 추락 사건에서도 지적된 문제였지요. 내셔널지오그래픽의 다큐 프로그램 〈항공사건조사대〉에서 괌과 영국에서 추락한 대한항공 항공기 사건을 다룬 적이 있는데, 이 프로그램에서도 승무원 간의 의사소통 부족과 뿌리 깊은 위계질서를 228명이 사망한 괌 추락사고의 원인 중 하나로 들었습니다. 권위주의에 눌린 언어 습관이 문제를 빨리 파악하고 대처하기 어렵게 만들었던 것입니다.

다양성은 생명과 안전의 문제와도 직결된다

2001년 대한항공은 델타항공으로부터 비행 안전 책임자를 새롭게 영입하고 안전을 위해 대대적인 투자를 비롯해 많은 개선을 취합니다. 비행 안전 책임을 맡게 된 해리 데이비드 그린버그Harry David Greenberg 부사장은 대한항공의 연이은 추락사고의 원인 중 하나를 복잡한 경어 체계와 수직적인 계급문화로 파악했어요. 이를 타파하기 위해 조종석에서 영어를 공용어로 사용하도록 했죠. 또한 군 출신 조종사 위주로 구성되어 있던 대한항공 조종사에 민간 출신 조종사와 외국인을 적극적으로 영입했습니다. 이렇게 위계를 깨고 다양성을 더한 수평적 조직문화를 만드는 한편, 안전에 관한 대대적인 투자를 단행합니다.[21] 이후 대한항공은 2024년 현재까지 탑승자가 사망하는 인사 사고는 한 건도 발생하지 않았습니다.

이처럼 다양성의 문제는 자유로운 사고와 표현의 문제에서부터 생명과 안전의 문제에 이르기까지 우리 삶 구석구석에 영향을 끼치고 있습니다. 예전보다는 나아졌다고 하지만 한국 사회에서 다양성 부족과 경직된 사회문화는 특정 직업군에서만 벌어지는 일이 아닙니다. 한국 사회 구성원 중 이 문제에서 벗어났다고 말할 수 있는 사람은 사실 하나도 없어요. 그렇다면 어떻게 해야 한국 사회 전체에 다양성을 더할 수 있을까요? 우리는 어디서부터 출발해야 할까요?

재난과 위기에서의 다양성: 팬데믹 풍경

2020년 코로나19 팬데믹이 본격적으로 시작되자 한국 사회가 가지고 있던 가장 취약한 모습이 매우 분명하게 드러났습니다. 한국인들이 처음 보인 모습은 전염병에 걸린 것을 개인의 탓으로 돌리는 행위였어요. 전염병 확산 초기였던 2020년 2월 말, 한 은행에서는 직원들에게 '코로나19에 걸리면 엄중히 문책하겠다'고 통보했습니다. 이후 이 내용이 언론을 통해 공개되자 사과했지만요.[22]

이러한 현상은 특정 기업뿐만 아니라 한국 사회 모든 지역과 분야에 걸쳐 나타났습니다. 2020년 2월 초 충북의 한 인터넷 커뮤니티에서는 그 지역의 음식점 주인 중에서 대만으로 단체로 해외여행을 다녀온 적이 있는 식당을 찾겠다는 소동이 벌어진 적이 있었어요. 해외를 다녀왔으니 코로나를 옮겨왔을 수 있다는 겁니다. 곧 그 지역에서는 누가 해외에 다녀온 적이 있는지 일종의 색출 작업이 이어졌어요. 그리고 곧바로 이런 행동이 올바른지에 대한 논쟁이 벌어졌습니다. 결국 지역 전체에 서로의 일상을 쉬쉬하고 숨기며 대화를 자제하는 분위기가 만들어졌습니다.

2020년 5월 쿠팡 물류센터에서 코로나에 걸린 한 직원은 격리 치료를 받고 한 달 뒤 완치 판정을 받아 일상으로 돌아왔을 때 집과 직장에서 사람들의 태도가 달라졌다는 것을 느꼈다고 합니다. 그는 이런 태도와 비난에 코로나 감염이 자신의 잘못인 것처럼 느껴졌고, 이를 견디지 못해 정신과 치료를 받았다고 해요.[23]

코로나19 팬데믹 초기, 사람들은 확진자와 확진자와 접촉한 사람 또는 그의 가족이라는 이유만으로 사회적 낙인을 찍고 비난했어요. 그 사람 개인이 마치 윤리적으로 잘못된 행동을 한 것처럼요. 이런 개인에 대한 공격은 한국 사회가 가지고 있던 편견 및 차별과 편견과 합쳐져 더욱 확산했습니다. 사람들은 확진자나 접촉자 또는 그 가족이 속한 사회적인 집단을 찾아내서 구분하기 시작했고 이들에게 도덕적 비난을 하거나 비난거리를 찾아내어 혐오와 차별을 가하기 시작했습니다.

중국 교포와 외국인에 대한 잘못된 정보 또는 가짜뉴스들도 SNS를 중심으로 확산했어요. 일부 사실에 거짓을 더해 혐오와 차별을 선동하는 내용이 매우 많았죠. 가장 큰 문제는 사회에서 영향력이 있는 언론사의 기사였습니다. 혐오와 편견을 조장하는 이 기사들은 많은 비판을 받았으나 이미 공개된 기사는 많은 사람에게 상처를 입히고 되돌릴 수 없는 피해를 주었습니다.

'대림동 차이나타운 가보니…'24

중국인 밀집 지역인 서울 영등포구 대림동 '차이나타운'에는 신종 코로나바이러스 감염증(○○폐렴) 유행에도 노상에 진열한 채 비위생적으로 판매하는 음식이 여전했으며 바닥에 침을 뱉는 행인들도 많았다. 약국에서 마스크는 품절 사태를 겪고 있지만 정작 차이나타운에서는 마스크를 착용한 사람들이 드물었다. 이들이 사재기한 마스크는 대부분 중국 현지로 넘어가 재판매되는 것으로 알려졌다.

– 2020년 1월 29일

재난 상황에서는 특히나 혐오를 조장할 수 있는 뉴스 등에 주의해야 합니다. 많은 사람이 코로나 시기의 뉴스 보도에서 일제 강점기에 벌어진 일본 관동대지진 상황을 떠올렸다고 해요. 1923년 일본의 수도 도쿄와 요코하마시를 포함한 관동 지역에서 진도 7.9의 강진이 발생했을 때, 조선인들이 우물에 독을 풀고 불을 지른다는 거짓 소문이 퍼져나갔고 수많은 조선인이 무참히 희생된 사건 말입니다. 당시 독립신문은 그 희생자가 6,661명이라고 보도했습니다.

2020년 2월 20일 국가인권위원회는 한국 사회 전체에 중국 교포에 대한 가짜뉴스와 사회적 낙인 및 차별이 심해지자 서울 구로 지역의 한 학교에서 중국 교포, 교사, 사회복지 시설 종사자, 시민단체 활동가 등 지역 관계자들과 만났습니다. 중국 교포가 겪는 고통을 듣고 이 지역에서 벌어지고 있는 실태를 파악하여 함께 어려움을 헤쳐 나가기 위해서였죠.

이 자리에서 중국 교포들은 상상하기 힘든 차별 경험을 쏟아냈습니다. 어떤 이는 한국인 자녀를 둔 한 학부모가 학교에 전화를 걸어 중국 학생이 학교에 못 나오도록 해야 한다고 했다며 서러움을 토로했고, 한 중국 교포는 "우리는 그나마 어른이고 오랫동안 모욕과 차별을 견뎌와 어느 정도 참는 것이 일상이지만 아이들이 겪는 혐오는 정말 견디기 어렵다."고 호소했습니다.

코로나19 환자가 본격적으로 발생한 지역에서는 그 지역에 대한 다른 지역의 혐오와 차별이 시작되었습니다. 특히 대구 지역에서 특정 종교 집단을 필두로 하여 코로나19 감염자가 갑자기 증가하자 대구 지역을 향한 혐오 표현이 퍼져나갔어요. 관련 언론 기사에는 "대구가 대구했네."라며 조롱하는 댓글을 다는 사람들이 있었고[25] 고향이나 거주지가 대구라는 이유만으로 사람들로부터 기피 대상이 되는 경험을 한 사람들도 생겼어요. 당시 대구 지역에 거주하던 한 청년은 서울에 입사지원서를 내고 서울로 면접을 가게 됐는데, 회사로부터 나오지 않았으면 좋겠다는 뉘앙스의 말을 들었다며 너무나 당황스럽고 수치스러웠다고 합니다. 어떤 음식점에서는 대구 사람은 출입을 금지한다는 안내문을 붙이기도 했고, 대구 사람이라는 이유로 다른 지역 병원에 출입을 금지당하는 일까지 발생했어요.[26] 240여만 명의 대구시민들이 단지 대구에 살고 있다는 이유만으로 상당 기간 혐오와 차별 그리고 배제를 당한 것입니다.

대구에서의 코로나19 확산 이후 얼마 지나지 않아 이번에는 서울 이태원 지역에서 코로나19 감염자가 나왔다는 보도가 나왔습니다. 이태원에서 시작된 코로나19 감염은 특정한 클럽을 방문한 사람들에게서 시작되었는데, 이곳에는 성소수자들이 많이 방문하는 곳이라는 이야기가 돌기 시작했어요. 이후 마치 성소수자들이 코로나19를 확산하는 것처럼 묘사되거나 방역 지침을 지키지 않는 '문제가 있는 집단'으로 매도되었습니다. 이태원 클럽을 방문한 이후 자가격리를 했던 한 클럽 방문자는 회사로부터 "이태원 클럽 관련 자가격리자라는 사실이 알려져 회사가 하는 사업에 문제가 생기면 책임을 묻겠다."라는 이야기를 들었다고 합니다.[27]

이주민, 특정 지역, 성소수자 등 사회적 약자에 대한 이러한 혐오와 차별 현상은 몇몇 사례에 그치지 않고 코로나19 팬데믹 동안 감염의 확산 경로를 따라 계속되었어요. 이후 문제가 더욱 심각해지자 비로소 많은 이가 한국 사회가 평소 '인권과 다양성의 가치를 더욱 소중하게 생각했다면 어떠했을까?' 하는 반성을 하게 되었죠. 재난과 위기 상황에서 한국 사회는 다양성 가치 부족을 더욱 실감하게 되었습니다.

여기서 우리가 주의 깊게 보아야 할 점이 있습니다. 코로나19가 기존에 없었던 특정 집단을 향한 새로운 유형의 혐오나 차별을 만들어 낸 것이 아니라는 겁니다. 이와 같은 현상은 한국 사회가 가지고 있던 기존의 차별과 혐오의 마음이 재난 상황을 매개로 가시적으로 드러난 것입니다.

지금까지 한국 사회가 겪은 일들을 돌아보면 이 사회가 얼마나 인권과 문화다양성을 존중하지 않고 있는지를 보여주고 있습니다. 앞으로도 재난과 위기는 계속해서 찾아올 겁니다. 그때 우리는 서로에게 어떤 모습을 보일 건가요? 재난과 위기 상황에서 서로의 안전을 지키고 평화롭게 공존하려면 인권을 보장하고 다양성을 확산하기 위해 지속적으로 노력해야 하지 않을까요?

(함께 고민하고 말하고 싶어)

우리 주위에는 한 번도 다른 것을 보거나 경험한 적이 없어서 또는 너무 익숙하고 당연해서 어색하거나 이상함을 느낄 수 없는 것이 많습니다. 몇 가지 예를 들면 색깔의 선호, 밥그릇의 크기, 싱크대의 높이, 뉴스 진행자의 성별 역할과 자리 배치 등이 그렇습니다. 이렇게 오랜 기간 작동해 온 획일화 과정은 사람들이 다른 무엇을 상상할 수 없게 만들어 왔습니다. 그러므로 우리는 더 행복한 세상에 살기 위해 주위 곳곳에 깔린 다양성을 억압하는 수많은 족쇄를 걷어내야 합니다. 그래서 나와 너 모두의 다양성이 빛나는 세상을 만들어야 합니다.

1 다양성과 행복은 어떤 관련이 있을지 생각해 봅시다. 다양성이 증가하면 나와 우리의 행복한 삶에 어떤 영향을 미치게 될까요?

2 평소에 하지 않았던 경험을 한 이후 생각이 달라지거나 고민이 생긴 경우가 있을까요?

3 너무 익숙하고 당연해서 그 이유를 짐작조차 하지 못했던 것이 있을까요? 익숙하다는 점이 오히려 다양성을 훼손하고 있는 것들을 찾아봅시다.

3부

정상과
비정상

질문있어요

Q1. 정상과 비정상은 누가 어떻게 정하나요?

Q2. 사회적 소수자가 뭐예요?

Q3. 소수자는 비정상인가요?

다양성에 대한 몰이해와 공격은 시대를 막론하고 벌어졌습니다. 특히 소수자에 대한 차별로 이어졌는데, 주로 자신과 다른 차이를 비정상이라고 매도하고 공격하는 방식이었어요. 그렇다면 공격의 대상이 되었던 '차이'는 어디에서 오는 걸까요? 정상과 비정상을 가르는 기준은 누가 어떻게 정하는 거죠?

기준을 어떻게 정하느냐에 따라 정상과 비정상은 달라집니다. 그래서 차이가 차별로 이어지는 진짜 이유를 알려면 정상과 비정상을 누가 왜 구분해 왔는지 알아야 합니다.

이번 장에서는 다수자로 맞춰져 있는 일상의 소소한 규칙을 비롯해, 인종을 가르고, 성별에 적합한 삶을 규정하며, 정상가족이라는 틀을 만들어내는 기준은 어떻게 만들어져 왔는지 살펴보고자 합니다. 소수자가 만들어지고 배제되는 이유와 과정 그리고 결과를 파악해야 합니다. 그래야 다양성 부족으로 인해 차이가 차별로 이어지는 것을 막고 더 나은 사회로 나아갈 수 있을 테니까요.

불편함을 넘어
차별로 이어진 왼손

영국이나 일본처럼 자동차의 운전석이 오른쪽에 있는 나라들이 있습니다. 그 이유에 관해서는 여러 가지 추측이 있는데, 그중 유력한 가설 중 하나는 오른손을 쓰는 사람이 많기 때문이랍니다.

자동차가 나오기 전, 사람들은 이동할 때 주로 마차를 이용했습니다. 마차를 몰려면 말에게 채찍질을 해야 하죠. 이때 마부가 왼쪽에 앉아 오른손으로 채찍을 휘두르게 되면 채찍이 마차의 중앙에서 앞뒤로 왔다 갔다 하게 됩니다. 자칫 뒤에 있는 사람이 채찍에 맞을 수 있는 상황이 되지요. 그래서 마부는 보통 오른쪽에 앉아 오른손으로 채찍을 다룹니다. 이후 자동차가 만들어졌을 때 마부가 오른쪽에 앉던 문화에 따라 자연스럽게 오른쪽에 운전석을 만들었다는 가설이에요.

반면 한국은 미국이나 프랑스처럼 운전석이 왼쪽에 있습니다. 이 경우도 해석이 분분합니다. 좌측통행을 이유로 들기도 하고 미국과 프랑스가 당시 영국과 사이가 좋지 않아 자동차 표준을 바꾸었기 때문이라는 이야기도 있습니다. 그리고여러 이유 중 하나도 왼손과 오른손에 관한 내용입니다. 오토매틱 자동차가 나오기 전이었으므로 기어를 수동으로 조정해야 하는데, 당연히 주로 사용하는 손으로 기어박스를 조정하는 게 편했던 거지요. 그래서 오른손으로 기어를 조작하기 위해 운전석을 왼쪽에 만들었다고 합니다.

왼손잡이와 오른손잡이

세상에는 오른손을 주로 쓰는 사람과 왼손을 주로 쓰는 사람이 있습니다. 전 세계적으로는 오른손잡이가 왼손잡이보다 훨씬 많다고 해요. 나라별로 조금씩 다르지만 대략 오른손잡이가 90%, 왼손잡이가 10% 정도라고 합니다. 왜 이런비율로 오른손잡이와 왼손잡이가 태어나는지에 대해서는 여러 의학적 설명이 있지만 아직 확실하지는 않습니다. 그러나적어도 왼손잡이와 오른손잡이를 본인이 선택하지 않는 것만큼은 분명합니다. 우리 중 누구도 태어나자마자 '나는 어떤 손을 주로 쓸 거야'라고 선택한 사람은 아무도 없으니까요.

오른손을 쓰는 사람이 훨씬 많다 보니 세상의 많은 기준이 오른손을 쓰는 사람 중심으로 정해졌어요. 식판의 밥과 국의 위치도 오른손을 쓰는 사람에게 맞추어져 있지요. 그래서 왼손으로 식사하는 사람은 국을 놓는 동그란 곳에 밥을 담고 네모난 곳에 국을 담아 먹는 경우가 많습니다. 지하철 개찰구를 통과할 때도 요금을 결제하는 곳이 오른쪽에 있어서 왼손잡이들은 가끔 카드를 잘못 태그해 당황하는 경우가 생기기도 합니다. 초밥집에 가면 종종 초밥이 오른쪽으로 기울여 놓여 있곤 하는데요. 손님이 초밥을 쉽게 가져갈 수 있게 한 방향으로 초밥을 놓은 거라 하지만 이 경우 왼손잡이는 몸을 비틀어야 각도가 나오니 매우 불편합니다. 지금은 왼손잡이용 컴퓨터 마우스도 나오지만 처음에는 오른손잡이용 마우스만 있었고, 책상의 보조 서랍장도 주로 오른쪽에 있는 경우가 많았습니다. 각종 가전제품도 오른손잡이 위주로 설계된 경우가 대부분입니다.

그렇다면 오른손잡이가 절대적으로 많으니 왼손을 쓰는 사람들은 불편을 감수해야 하는 게 맞는 걸까요? 진짜 문제는 이런 차이가 누군가에게는 일상의 불편함을 넘어서는 수준이기도 하다는 겁니다. 바로 차이가 불합리한 차별로 이어지는 경우입니다.

불편함을 넘어 차별로

한때 대형 강의실에 있는 책상은 모두 'ㄱ'자 모양이었습니다. 왼쪽 홈으로 몸을 넣어 앉아 오른쪽 팔꿈치를 받치고 글을 쓸 수 있도록 한 것이지요. 좁은 공간에 많은 책상을 넣어야 하다 보니 마련한 방법일 겁니다. 하지만 왼손잡이에게 'ㄱ'자 모양의 책상은 상당히 불편한 구조입니다. 팔꿈치를 지지할 수 없어 글씨를 쓰는 것이 매우 불편하죠. 심각한 차별이 발생하는 셈입니다.

아주 오랜 세월 동안 왼손잡이들은 불편함을 감수하는 수준을 넘어 차별을 받아왔습니다. 왼손을 쓴다는 이유로 비웃음을 받거나 사회적으로 터부시되고 오른손잡이로 바꿔야 한다며 강요받았죠.

전 세계적으로 왼손잡이에 대한 차별과 왼손잡이를 억지로 오른손잡이로 교정하려는 시도는 역사가 깊습니다. 어느 정도였는지는 일상의 단어에서도 확인할 수 있어요. 영어에서 'right'는 오른쪽이라는 뜻이지만 이와 동시에 '올바른', '정확한'이라는 의미로 사용됩니다. 프랑스어에서 왼손을 뜻하는 'main gauche'에서 gauche는 '비뚤어진', '뒤틀린', '서투른', '어색한', '부자연스러운'이라는 뜻이 담겨 있습니다.

한국어도 마찬가지입니다. 국립국어원 표준국어대사전에서 '바른손'을 찾아보면 '오른쪽에 있는 손'이라고 되어 있고, '바른손잡이'는 '한 손으로 일을 할 때 주로 오른손을 사용하는 사람 또는 왼손보다 오른손을 더 잘 쓰는 사람'이라고 되어 있습니다. 단어에 사회 인식이 투영된 거죠.

왼손잡이에 대한 부정적인 인식은 언어 외에도 뿌리 깊게 남아 있습니다. 한국에서는 오래전부터 왼손으로 밥을 먹으면 크게 혼을 냈습니다. 오른손으로 밥을 먹게 하려고 왼손을 등 뒤로 묶어 놓기도 했죠. 특히 특히 왼손으로 글을 쓰면 때려서라도 오른손으로 쓰게 하는 경우도 많았습니다. 한국의 대표적인 단편소설 이효석의 〈메밀꽃 필 무렵〉을 보면 왼손잡이를 낮잡아 보는 당시 시대 상황에 대해 여러 대목이 나옵니다.

아이의 웃음소리에 허생원은 주춤하면서 기어코 견딜 수 없이 채찍을 들더니 아이를 쫓았다. "쫓으려거든 쫓아 보지. 왼손잡이가 사람을 때려." 줄달음에 달아나는 각다귀를 당하는 재주는 없었다. 왼손잡이는 아이 하나도 후릴 수 없다. 그만 채찍을 던졌다. 술기도 돌

아 몸이 유난스럽게 화끈거렸다.

왼손잡이에 대한 잘못된 편견과 차별은 비교적 최근까지
도 이어져 오고 있습니다. 1990년대 한 방송사의 방송 내용
을 보면 왼손잡이를 어떻게 생각하냐는 질문에 "말을 안 듣
는 불효자식이다."라든가 "비정상 아니에요?"라는 답이 있었
습니다. 심지어 아침에 첫 손님으로 왼손잡이가 와서 밥을 먹
으면 재수가 없다고 쫓아내는 일도 있었지요.

다행히 일부 국가나 지역을 제외하면 왼손잡이에 대한 부
정적인 편견이나 교정 시도는 많이 사라지는 추세입니다. 한
국도 이제는 왼손을 주로 쓴다고 해서 탓하거나 이상하게 보
지는 않는 사회가 되어가고 있고요. 그러나 일부에서는 아직
도 왼손을 쓰는 것에 대해 부정적입니다.

2013년 한 여론조사기관에서 왼손잡이에 대한 한국인의
의식변화에 관한 조사를 진행한 적이 있습니다.[28] 같은 질문
을 2002년에 묻고 11년 후인 2013년에 다시 물어 그 변화를
살펴봤는데요. 그 결과 '본인 스스로 왼손잡이라고 생각하는
가, 오른손잡이라고 생각하는가'라는 질문에 2002년 조사에
서는 성인의 4%만이 왼손잡이라고 했으나 2013년 조사에서
는 한국 성인의 5%가 왼손잡이라고 말했어요. 2002년 조사
와 2013년 조사에서 약 1%의 차이가 있는 거죠. 물론 '1%는

통계적으로 오류가 있을 수 있는 거 아냐?'라고 생각할 수 있지만 이를 세대별로 나누어 보면 시간에 따른 변화 추이를 확인할 수 있습니다.

2013년 조사에서 본인이 왼손잡이라고 응답한 사람은 20대 8%, 30~40대 6%, 50대 3%, 60대 2%였어요. 젊을수록 자신이 왼손잡이라고 응답한 비율이 높았죠. 나이가 들수록 오른손잡이가 늘어나는 것은 아닐 테니, 한국인들의 의식에 변화가 일어나고 있음을 읽을 수 있습니다. '자녀가 왼손잡이라면 어떻게 할 것인가'라는 질문에는 오른손잡이로 바꾸게 할 거라고 응답한 사람이 2002년 38%에서 2013년 20%로 줄었어요. 왼손잡이로 둘 거라는 응답은 2002년 62%에서 2013년 77%로 높아졌고요. 시간이 흐르면서 왼손잡이에 대한 생각에 변화가 있는 것이 드러났습니다.

2013년 조사에서 20대가 본인을 왼손잡이로 답한 사람 8%는 전 세계 평균 10%에 가까운 수치입니다. 반면 60대는 단 2%만이 본인을 왼손잡이라고 했습니다. 동시대에 살고 있는 20대와 60대가 무려 4배나 차이가 납니다. 왜 더 젊을수록 자신을 왼손잡이라고 말한 사람이 늘어난 걸까요? 두 가지 가정이 가능합니다.

첫째, 왼손잡이로 태어났지만 어릴 때 강압적으로 고치도록 요구받은 일이 줄어든 겁니다. 실제로는 왼손잡이로 태어

낳지만 교정을 통해 '오른손잡이'가 된 경우가 사라지고 있는 거죠.

둘째, 이제는 자신을 왼손잡이라고 공개적으로 말해도 괜찮다고 느끼는 것입니다. 과거에는 왼손잡이라고 하면 사회적으로 낮추어 보는 문화가 있어 얕잡아 보이거나 불이익을 당할 수 있다고 느꼈습니다. 그래서 실제로 왼손잡이인데도 이를 숨기려고 한 것이죠. 그러나 이제는 왼손잡이라는 사실을 숨기지 않아도 불이익을 당하지 않는 안전한 사회라고 느끼는 것입니다.

두 경우 모두에서 과거에는 한국 사회에 왼손잡이에 대한 부정적인 인식과 차별 위험이 만연했지만, 지금은 점차 인식이 개선되고 차별 위험이 줄어들었다는 점을 확인할 수 있겠습니다.

누구를 위한
누구에 의한 기준인가?

"우리는 모두 다릅니다. 표준적이거나 평범한 인간은 존재하지 않습니다. 그러나 같은 인간 정신을 공유합니다."

2012년 장애인올림픽 개막식에 세계적인 물리학자 스티븐 호킹Stephen William Hawking 박사가 전동 휠체어를 타고 나와 연설하자 정말 많은 사람이 그의 연설에 공감하고 감동했습니다. 우리는 모두 다르고 인간에게 표준은 없다는 말은 매우 당연한 말이지만 인류 역사를 돌아보면 잘 실천되지 못해 왔습니다.

특정 집단이 정한 기준

필요에 따라 기준을 정하고 무엇인가를 분류하는 일은 어떤 일을 할 때 꼭 필요한 일입니다. 또한 많은 사람이 함께하는 공동생활에서 적합한 잣대를 세우는 일은 한정된 자원을 활용해야 하거나, 적절한 지원을 위해 필요한 경우가 많습니다. 그러나 이런 기준을 정하거나 표준화하는 시도는 그 기준이 누구에 의해 만들어졌는지에 따라, 또 누구를 위한 기준인지에 따라 매우 다른 결과를 가져옵니다.

예를 들어 장애가 없는 사람들에 의해 계획되고 실행되어온 이동 수단의 기준, 즉 자동차, 버스, 기차, 항공기 등은 장애인의 자유로운 이동을 가로막아 왔어요. 고속버스에는 휠체어를 넣을 수가 없고 기차도 특별한 장치가 있어야 가능한 경우가 많습니다. 이는 단순히 이동의 자유 문제에만 그치는 것이 아니에요. 이동이 불편하거나 불가능해지면 무엇을 배우고 익힐 기회가 상대적으로 제한당합니다. 사람을 만나거나 행사에 참여하거나 직장에 출근하는 것 또한 어려워지죠. 사회참여와 직업 선택의 자유마저도 크게 위축되니 결국 모든 권리가 제한당하는 것과 마찬가지입니다.

또 남성들이 세운 여러 정치 활동의 기준은 모든 부문에서 오랫동안 여성의 참여를 가로막아 왔습니다. 인류는 굉장히 오랫동안 여성의 역할을 소위 '집안일'로 제한하고 남성만 투표에 참여하고 정치를 해왔습니다. 여성이 투표권을 가지게 된 건, 남성들이 정치를 해온 지 매우 오랜 시간이 지난 후였어요. 미국은 1920년, 프랑스는 1944년에 이르러서야 가능해졌죠. 투표권이 없다는 건 단순히 정치에 참여할 수 없다는 것만을 의미하지 않습니다. 사회를 움직이는 모든 결정에 그리고 자신에게 영향을 미치는 중요한 결정에 자기 목소리를 대변할 사람을 얻지 못한다는 의미입니다. 모든 사회적 역할에서 차별을 받게 된다는 뜻입니다.

표준적인 인간이란 있을 수 없다

이처럼 특정 집단에 의한 표준화와 기준 설정은 오랫동안 그 기준을 만든 사람 이외의 사람을 배제하고 차별하는 데 이용되어 왔습니다. 그리고 가장 중요한 생명과 안전에서도 치명적인 위험을 만들기도 합니다. 그 예로 약물 처방을 들 수 있습니다. 남성과 여성은 똑같은 용량의 약물을 처방받는 경우가 많습니다. 그러나 약물에 대한 부작용은 남성과 비교해서 여성이 훨씬 많다고 보고되고 있지요. 약물 용량에 대한 실험이 주로 남성을 기준으로 이루어지기 때문입니다.

코로나19 팬데믹 시기에 코로나 백신을 접종했던 사람들은 여러 부작용에 시달리기도 했는데 부작용의 비율이 남성과 여성이 달랐어요. 같은 용량을 접종했지만 코로나 백신 부작용은 여성이 남성보다 2배, 중증 부작용은 4배에 이르렀습니다.[29] 의료계는 이런 차이가 백신 용량을 정할 때 남성을 기준으로 정했기 때문이라고 밝혔어요. 남성과 여성은 유전자가 약 1% 정도 차이가 나고 신체 기관과 면역체계가 다릅니다. 이런 이유로 특정 질병과 약에 대한 반응과 부작용이 다르게 나타난다는 거지요.

이런 예는 또 있습니다. 수면유도제인 졸피뎀은 사용 후 혈중에 남은 약물의 잔여량이 여성이 남성보다 4배가 더 높다고 해요. 약물 잔여량은 다음날 자동차 운전 등에 영향을 미치는 것으로 파악되었죠. 하지만 그동안은 이런 차이를 전혀 감안하지 않고 똑같은 양을 처방했습니다. 2013년에 이르러서야 미국 식품의약품안전국[FDA]에서 여성에 대한 권장 용량을 남성의 절반 정도로 바꾸었습니다.[30] 그동안은 여성에게 적어도 2배가 넘는 필요 이상의 양을 오랫동안 위험성을 모른 채 접종해 왔던 거예요.

자동차 안전벨트 또한 충돌사고에서 여성 운전자가 심각한 상처를 입을 확률이 같은 조건의 남성에 비해 47%나 더 높다고 합니다. 그동안 자동차 회사들이 안전벨트 실험을 하

면서 남성 상반신 기준만을 써왔기 때문입니다.[31]

설령 특별한 의도가 없다 하더라도, 사회에서 권력을 가진 사람을 위주로 한 기준 설정은 이처럼 다른 이의 안전을 해치고 심지어 위험에 처하게 합니다. 즉 자의적으로 설정된 기준은 모두에게 필요한 기준이 아니라 자신에게만 적합한 기준을 만들기 때문에 기준을 정한 사람에게 일방적으로 유리하게 만들어진 경우가 많지요. 스티븐 호킹 박사의 말처럼 인간에게 표준은 없으며 표준적 인간이란 있을 수 없습니다.

많은 사람이 함께 사는 사회에서 행정적 편의를 위해 설정된 표준과 기준은 종종 한쪽의 일방적인 불편 감수와 양보를 요구하는 경우가 있습니다. 그렇다고 한쪽의 불편과 희생을 당연하다고 여기면 안 됩니다. 그리고 그것이 불편을 넘어 차별이나 안전의 문제와 연결된다면 감수하거나 수용할 수 없는 문제가 됩니다. 모두가 함께 안전하고 평화롭게 일상을 누릴 수 있도록 해야 합니다. 다수의 기준에 맞춰 사회에서 불편과 차별 위험을 감수할 수밖에 없는 사람이 있다는 걸 항상 잊지 않아야 합니다. 우리는 모두 존엄한 존재이고 우리의 차이는 존중받아야 합니다.

사회적 낙인과 소수자

사회적 낙인

낙인stigma은 본래 뜨겁게 달군 쇠를 가축의 피부에 닿게 하여 새기는 글자나 모양을 말합니다. 이렇게 해서 그 가축이 자신의 소유물임을 알리고자 한 것이죠. 옛날에는 이런 낙인을 죄수나 노예에게 새겼고, 죄수에게 영원히 지워지지 않는 문신을 새김으로써 더 큰 사회적인 형벌을 내리기 위해 어떤 낙인은 다른 사람들이 더 잘 볼 수 있도록 이마와 같은 얼굴에 새기기도 했죠. 사람들은 낙인이 있는 사람들을 볼 때마다 죄인이라며 함께하지 않으려 했으니까요.

현대에 들어오면서 사람의 몸에 낙인을 찍는 형벌은 없어졌습니다. 하지만 사람의 몸이 아니라 특정한 사람이나 집단에 사회적인 낙인을 찍는 경우는 여전히 많이 남아 있어요. 사회적 낙인이란 어떤 사람이나 집단이 부정적인 특성이 있어서 잘못된 행동을 하거나 사회에 해를 끼친다는 생각을 공유하는 겁니다. 어떤 사람들에게 보이지 않는 가상의 낙인을 찍어 자신의 마음속에 편견을 만드는 것이지요. 이렇게 사회적 낙인이 찍힌 사람들은 자신의 하는 생각이나 행동과 상관없이 사람들의 비난과 모욕을 받게 됩니다. 그래서 사회적 낙인이 찍힌 개인이나 집단은 심리적으로 참을 수 없는 고통을 느낄 수밖에 없어요.

사회적 낙인은 낙인을 찍는 행위로 그치는 것이 아니라 그 사람이나 집단에 대한 혐오와 차별로 이어집니다. 평상시에 만들어진 사회적 낙인과 소수자에 대한 편견은 특히 재난과 같은 위기의 순간 책임을 지울 희생양이 필요한 경우에 더욱 크게 나타나곤 합니다.

위기의 순간마다 더 고통받는 사람들

중세 유럽과 중동, 중앙아시아를 휩쓴 매우 무서운 전염병이 있었습니다. 바로 14세기에 창궐한 흑사병입니다. 이 병으로 당시 유럽 인구의 3분의 1인 2,000만 명 이상이 사망했다고 해요. 유럽과 상당히 멀리 떨어져 있는 당시 고려에도 흑사병이 번졌다는 기록이 있습니다. 고려에서도 적어도 수천 명 이상이 사망했을 것이라는 추정이 있습니다. 한국 역사에도 전염병의 확산과 이로 인한 피해와 관련한 여러 기록이 있습니다. 이런 재난 상황에서는 사회적 신분이 낮거나 경제적 사정으로 의료 혜택을 받기 어려운 사람들, 영양 상

주홍 글씨

한국에서는 '사회적 낙인'과 같은 말로 '주홍 글씨'라는 표현을 쓰기도 합니다. 어떤 사람이나 집단에 주홍 글씨가 새겨졌다는 것은 많은 사람에게 비난과 지탄받을 만한 큰 잘못을 저질렀고 이에 대한 나쁜 기억이 사람들에게 잊히지 않는다는 뜻이에요.

주홍 글씨는 미국 소설가 너세니얼 호손Nathanial Hawthorn의 소설 《주홍 글씨The Scarlet Letter》에서 나온 관용어입니다. 이 소설은 17세기 초 영국에서 미국 보스턴으로 이주해 살고 있는 청교도 공동체를 배경으로 합니다. 소설에서 헤스터 프린이라는 여성은 남편 이외에 다른 남성과의 사이에서 아이를 가졌다는 이유로 유죄 판결을 받고 가슴에 A(adultery, 간통의 첫 글자)라는 낙인을 찍히게 됩니다. 한국에서 많은 사랑을 받은 이 소설의 영향으로 한국인들은 '주홍 글씨'를 '사회적 낙인'이라는 말과 같은 의미로 사용하게 되었어요.

태가 부실한 가난한 백성들, 어린아이 같은 사회적 약자들이 더 많이 희생됩니다.

이렇게 인류는 주기적으로 전염병을 포함한 각종 재난에 빠져들었습니다. 전염병뿐만이 아니라 홍수, 지진, 가뭄과 같은 자연재해에도 시달려 왔지요. 더 안타까운 상황은 이런 위기와 재난이 닥쳐오면 누군가를 희생시켜 그 위기를 벗어나고자 하는 이들이 생겨난다는 거예요. 사람들은 원인을 알 수 없거나 이를 극복하기 어렵다고 생각되면 다른 이들에게 그 탓을 돌리려고 했어요. 그리고 재난 상황마다 이 모든 불행의 원인으로 지목받는 사람들이 있었지요. 주로 그 사회에서 가장 약한 사람들, 즉 자신을 대변할 수 없고 권력으로부터 멀었던 사회적 소수자가 대부분이었죠.

그 대표적인 사례가 흑사병으로 희생된 중세 유럽 사회의 사회적 소수자입니다. 흑사병이 번져 많은 사람이 죽어갔지만 당시의 의학 지식과 기술로는 그 원인을 파악할 수 없었어요. 그러자 사람들은 흑사병의 원인을 유대인을 비롯한 그 사회의 여러 약자에 돌려 그들을 공격하기 시작했어요. 유럽 곳곳에서 유대인이 체포되고 '우물에 흑사병 병균을 탔다'고 거짓으로 자백할 때까지 고문하고 살해했습니다. 유대인만 공격당한 게 아니에요. 무자비한 마녀사냥이 이어졌고 한센병 환자, 무슬림, 거지와 가난한 사람들, 남편을 잃고 홀로된 여성들이 공격의 목표가 되었습니다. 교황 클레맨스 6세^{Papa} _{Clemente VI}가 1348년 7월 6일 '유대인 박해 금지'를 칙령으로 내릴 정도로 심각했죠.

전염병 바이러스가 인종, 국가, 지역, 소득 수준, 사회적 지위의 높고 낮음을 가리지 않는다는 사실은 누구나 알고 있습니다. 하지만 전염병 위기 속에서 발생하는 사회적 고통은 각자가 가지고 있던 사회 내 사회·경제적 지위에 따라 다르게 나타났습니다. 재난 상황에서 가장 큰 고통을 받으며 위기에 몰린 사람들은 그 사회에서 가장 큰 혐오와 차별을 받는 사람들이었습니다. 여기에 더해 전염병을 핑계 삼아 더욱 큰 사회적인 낙인마저 가중되었죠. 사회적으로 낙인찍힌 개인과 집단들은 회피, 거부, 혐오 발언을 겪었습니다. 이들 중 일부는 사회적 재난 극복을 위한 국가 사회 차원의 지원이나 구호에서도 차등 지원되거나 배제되기까지 했어요. 이 모든 과정은 구성원 모두에게 깊은 상처를 남겼습니다.

사회적 소수자

앞서 설명한 왼손잡이와 오른손잡이 사례에서 보듯이 소수의 정체성을 가진 사람은 일상에서 불편함을 감수해야 하는 경우가 많습니다. 그런데 진짜 더 큰 문제는 불편을 넘어 사회적 낙인이 찍히며 자신의 정체성이 비하되는 거예요. 이어서 사회에서 배제되거나 차별로 이어지는 경우지요. 왼손 잡이처럼 사회적 인식이 바뀌고 차별이 많이 사라지는 예도 있지만, 한국 사회에는 아직도 소수의 정체성을 가진 사람이 차별을 받는 경우가 많습니다.

어떤 특징을 가진 사람들이 수가 많거나 다른 사람들에 비해 영향력이 큰 경우 우리는 그들을 '사회적 다수자'라고 부릅니다. 그리고 신체적 또는 문화적 특징 때문에 자신이 속한 주류 집단 구성원으로부터 불평등한 처우를 받는 개인 혹은 집단을 '사회적 소수자'라고 부르지요. 또한 힘과 권력이 있는 사람들이 차별을 목적으로 일부 사람의 특징을 자의적으로 구분하여 사회적 소수자로 만드는 경우도 있습니다.

여기서 사회적 소수자는 어떤 그룹에서 단순히 숫자상으로 적다는 것을 의미하는 것이 아닙니다. 그 사회에서 권력이 없거나 힘이 없는 사람들이 사회적 소수자가 됩니다. 소수자는 수치로 판단하는 것이 아니라 누가 더 지배적인 위치에 있는지, 누가 더 힘과 권력을 가졌는지를 보아야 알 수 있어요.

중동의 아랍에미레이트UAE는 2024년 기준 인구가 약 1,000만 명입니다. 2015년 기준 인구 구성비로 보면, 이중 아랍에미리트 원주민은 11.6% 안팎에 불과합니다. 나머지 약

88% 거주민은 인도, 파키스탄, 방글라데시, 이집트, 필리핀 등지에서 온 이주노동자 등 이주민입니다.[32] 숫자만 보면 아랍에미레이트 원주민이 소수이지만, 이들을 사회적 소수자라고 부르진 않습니다. 오히려 인구로는 절대다수인 이주노동자가 열악한 노동환경에 시달리며 인권 보호가 필요한 사회적 소수자입니다. 또한 기억해야 할 것은 사회적 다수자와 소수자가 본래 정해져 있어서 그 위치가 변치 않는 것이 아니라는 점입니다. 내가 처한 조건과 상황에 따라 그 위치는 얼마든지 바뀔 수 있습니다. 때와 장소에 따라 우리는 다수자가 될 수도 있고 반대로 소수자가 되기도 합니다.

우리는 모두 같은 점도 있고 다른 점도 있습니다. 키, 몸무게, 피부색, 발달 단계에 따라 신체적 특징이 다를 수 있고 어떤 생각과 가치관을 가지느냐에 따라 행동이 다를 수도 있습니다. 사는 지역이나 주거환경, 가족관계가 다르므로 성장과 생활 환경도 다르지요. 누구나 조건과 환경에 따라, 사회적으로 소수자이자 다수자라는 점을 잊지 말아야 합니다. 따라서 조건과 환경을 차별의 기제로 삼지 말고 함께 평등하고 평화롭게 살기 위해 노력해야 합니다.

미운 놈의 이름을 붙이던 질병명

새로운 질병이 발견되면 발견자가 이 질병에 이름을 붙이는 게 일반적입니다. 다만 세계보건기구WHO에서는 그 이름이 누군가를 혐오하거나 잘못된 정보를 주거나 과도한 위험을 강조하지 않도록 권장하고 있습니다. 질병에 붙여진 이름이 질병과 상관없이 누군가를 향한 혐오와 차별을 확산시키는 데 사용되거나 오히려 사태를 악화시키는 정보가 담겨선 안 되기 때문입니다.

혐오와 차별을 불러일으키는 질병의 이름

전염성이 매우 강한 성병인 매독梅毒의 기원에 대해서는 여러 가지 설이 있지만 1493년을 기점으로 유럽에서부터 알려졌다고 해요. 사람들은 처음에 이 병을 여러 이름으로 불렀습니다. 이탈리아의 나폴리 지역을 침공했다가 철수한 프랑스인들은 이 병을 '나폴리병' 또는 '이탈리아병'으로 불렀어요. 이탈리아와 독일에서는 이 병을 '프랑스병'이라고 불렀지요.[33] 스페인 식민지였던 네덜란드인들은 '스페인병'이라고 불렀고, 러시아에서는 '폴란드병', 폴란드에서는 '독일병', 이슬람교가 대부분인 튀르키예에서는 '기독교도병'이라 칭했습니다.[34]

이 병은 곧 동아시아에도 번지기 시작해 일본에서는 중국 당나라를 뜻하는 '당나라 두창' 한국에서는 일본을 일컫는 '왜색병倭色病'[35][36]이라고 불렀습니다. 병이 유행하던 시점에 자신들과 사이가 좋지 않거나 민족적, 국가적 대립 상황에 놓여있던 사람들을 비난하는 용도로 이름을 붙여 사용했던 겁니다. 꼭 비난의 용도로 시작하지 않았더라도 그 이름으로 지칭되던 나라와 사람들은 혐오의 대상이 될 수밖에 없습니다.

이처럼 어떤 질병 이름에는 그동안의 적대적 감정이나 특

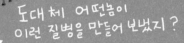

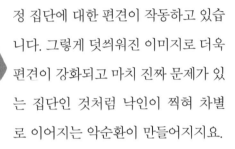

정 집단에 대한 편견이 작동하고 있습니다. 그렇게 덧씌워진 이미지로 더욱 편견이 강화되고 마치 진짜 문제가 있는 집단인 것처럼 낙인이 찍혀 차별로 이어지는 악순환이 만들어지지요.

스페인독감은 1918년부터 전 세계에 유행했던 전염병이에요. 연구에 따라 사망자 수가 매우 다른데 1,500만 명에서 3,000만 명, 많게는 1억 명 이상으로 보기도 합니다. 당시 전 세계 인구가 17억 명이었다는 점을 감안하면 얼마나 무서운 질병이었는지 알 수 있습니다. 그러나 스페인독감은 이름과는 달리 스페인에서 시작된 독감이 아닙니다. 오히려 다른 나라에 훨씬 더 많은 독감 환자가 있었죠. 1차 세계대전 중이었던 각국은 보도 통제를 심하게 해서 이런 사실이 밖으로

드러나지 않았지만,
1차 세계대전 참전국이
아니었던 스페인은 비교적 보도
가 자유로워 이 독감에 대해 알린 거지요.

그러자 오히려 독감이 창궐하던 다른 나라에서 이
독감을 스페인독감이라고 부르기 시작했고 그렇게 이
름이 굳어버린 것입니다.

전 세계적으로 번진 치명적인 질병에 스페인이란
지명이 붙자 스페인 사람들은 마치 자
신들이 질병을 만든 것처럼
여겨진다며 이를 수정하
려고 했습니다. 하지만
한번 붙은 이름을 바꾸
기란 너무 어려운 일이
었죠.

질병이 어떤 곳에서 처음 발견되었다고 해서 실제 그 지역에서 시작되었다고 볼 수는 없습니다. 1950년 시작된 한국 전쟁의 와중에 미군을 포함한 UN군이 많이 걸린 질병이 있습니다. 당시 3,000여 명의 원인을 알 수 없는 출혈성 경향을 보이는 발열 환자가 발견되었고 이 중 10% 정도는 결국 목숨을 잃었지요. 그 당시 사람들은 이 질병을 한국형출혈열Korean Hemorrhagic Fever이라고 불렀습니다.

하지만 이 질병은 본래 동북아시아 전역에 널리 퍼져있던 질병이었습니다. 1976년에 이르러 이 질병에 대해 더 자세히 알게 되어 한탄Hantan 바이러스라고 칭하게 되었죠. 그리고 1983년이 되어서야 세계보건기구에 의해 '신증후 출혈열 HFRS, hemorrhagic fever with renal syndrome'으로 공식 명칭이 변경되었습니다.[37]

코로나19도 마찬가지입니다. 초기에는 이 바이러스가 중국의 우한 지역에서 시작되었다고 해서 '우한 폐렴'으로 부르기도 했습니다. 그래서 중국과 관련된 사람들이 가장 먼저 혐오와 차별의 대상이 되었죠. 2020년 2월 13일 세계보건기구는 명칭에 지역 이름을 넣는 것이 불필요한 혐오를 불러일으킨다는 이유에서 이 바이러스의 임시 명칭을 '신종 코로나바이러스2019-nCoV, 2019 New Coronavirus[38]로 명명했습니다. 이때부터 전 세계 언론은 이 바이러스를 '코로나19'로 부르고 있어요.

세계보건기구가 2015년에 정한 원칙에 따르면 새로 발견된 병의 명칭을 정할 때 지역 이름, 사람 이름, 동물 또는 음식의 종류, 문화나 특정 직업 등은 피하도록 하고 있습니다.[39] 이는 병의 이름으로 인해 사람들이 잘못된 정보를 얻을 수 있고 편견이나 차별을 불러일으킬 수 있기 때문입니다.

어떤 인종이 정상인가

　인간이 가진 다양성에서 나오는 여러 차이 중 일부를 차별하려는 의도를 가지고 구분하는 경우가 있습니다. 그 대표적인 사례 중 하나가 '인종차별'입니다. 차이 때문에 차별하는 것이 아니라 차별을 정당화하기 위해 차이를 이유로 드는 거지요.

　인종주의란 대개 겉으로 드러난 생물학적 피부색의 차이에 따라 사람을 구분하는 것으로 주로 백인, 황인, 흑인으로 구분했습니다. 인종차별은 사람을 피부색으로 구분한 후 특정한 인종이 다른 인종에 비해 열등하다고 규정하고 이에 따라 차별을 정당화하는 것을 말해요. 하지만 생물학적인 차이의 기준은 누가 정하는 걸까요? 왜 사람을 피부색으로 구분해야 하나요? 정말 피부색이 결정적인 이유였을까요? 왜 눈이나 머리카락의 색깔 또는 혈액형은 아니었던 걸까요?

차별하기 위해 만들어 내는 차이

아프리카대륙 최남단에 위치한 남아프리카공화국은 한때 세계에서 가장 인종차별이 심한 곳이었습니다. 현대에 이르러 마지막까지 인종분리 정책인 '아파르트헤이트'를 국가정책으로 취했던 국가이기도 하지요.

인종차별이 극심하던 시기, 남아프리카공화국에서 흑인은 백인과 같은 지역에 살 수도, 같은 학교에 다닐 수도 없었습니다. 공공기관인 우체국을 이용할 때도 백인 전용 출입구와 유색 인종 출입구가 별도로 있었어요. 믿기 어렵지만, 한때는 감옥에 수감된 죄수들이 식후에 커피를 마실 때 백인에게는 백설탕을, 인도와 중국인 등 황인에게는 황설탕을 주었지만, 흑인에게는 설탕을 아예 주지 않았다고 해요.

남아프리카공화국은 영국인과 네덜란드에서 이주해 온 백인이 세운 나라입니다. 이곳은 금광을 비롯한 지하자원이 풍부해서 풍요로운 생활을 누렸어요. 그러다 1920년대에 경제위기가 발생하자 백인, 흑인 가릴 것 없이 모든 노동자가 경제적으로 열악한 상태에 빠졌습니다. 노동자들은 당장 오늘 먹을 식량을 구하기도 어려운 상황에 놓였지요.

이때 남아프리카공화국 정부는 백인 빈곤층만을 구제하는 인종차별 정책을 펼쳤습니다. 백인에게만 사회복지 혜택을 주었고 백인 빈곤층에게만 음식을 제공했지요. 반면 흑인에게는 교육 기회를 제공하지 않는 등 문맹화 정책을 시행했어요. 당장의 끼니를 해결하기 위해 흑인들은 하루하루 더 고되게 노력할 수밖에 없었습니다. 이에 더해 교육의 기회마저 제한당했으니 아무리 노력해도 더 나은 삶을 살 수 없었죠. 시간이 흐르면서 흑인과 백인 간에 교육 수준은 더욱 벌어졌고, 다른 사회적 기회를 잡을 기회마저 줄어들었습니다. 경제적 수준은 더 큰 격차가 생길 수밖에 없었어요.

이에 더해 1948년에는 네덜란드계 보어인을 중심으로 한 국민당이 정권을 장악하고 인종분리 정책인 '아파르트헤이트'를 시행했습니다. 이 정책은 사람 간에는 차이가 있기 때문에 차별 대우가 당연하다는 논리로 시행되었습니다. 이 정책으로 남아프리카공화국의 모든 지역에서 백인과 흑인은 함께 있을 수 없었습니다. 흑인은 거주 공간 이외의 다른 곳에 가려면 허가증이 있어야 했고, 심지어 거주 공간뿐만 아니라 잠시 머무는 대기 장소까지 서로 분리되었어요. 공원에는 백인과 흑인 전용 벤치가 따로 있었습니다. 사람들이 건너는

다리 위에도 중앙에 분리대를 두어 서로 다른 길로 가도록 했어요. 앞서 말했듯 우체국 같은 공공시설에는 백인 출입구와 흑인 출입구를 따로 만들었으며, 흑인은 흑인 전용 출입구로 들어가서 흑인 전용 계산대를 이용해야 했죠. 어떤 경우에라도 흑인이 백인 계산대를 이용하게 되면 재판 과정도 없이 감옥에 보내져 9개월의 징역형을 받았어요.

백인 거주지와 흑인 거주지는 가장 심각했을 때는 200만여 명의 백인이 국토의 대부분에서 살고, 600만 명에 달하는 흑인은 매우 좁은 지역에서 살아야 했습니다.[40] 이런 극단적인 인종차별 정책은 넬슨 만델라가 대통령이 된 1994년이 되어서야 완전히 철폐되었어요.

현재 남아프리카공화국은 세계에서 빈부격차가 큰 나라 중 하나입니다. 전체 인구 중 흑인이 81.4%, 아시아계를 포함한 유색인종이 10.9%, 백인이 7.4%인데,[41] 대부분의 경제적 부를 백인이 가지고 있습니다. 2015년 기준 흑인의 빈곤율은 64.2%에 달하는 데 비해, 백인의 빈곤율은 1%에 불과합니다.[42] 아파르트헤이트라는 인종분리 정책은 없어졌지만 분리와 차별은 결국 심각한 사회적 격차를 만들었고, 이 격차가 여전히 이어지고 있음을 보여주고 있습니다.

샤프빌 학살과 세계 인종차별 철폐의 날

백인만을 위한 남아프리카공화국 정부의 심각한 인종차별은 거센 저항에 직면했습니다. 1960년 3월 21일 남아프리카공화국의 요하네스버그 근교의 샤프빌Sharpeville 경찰서 앞에 7,000명이 넘는 시위대가 집결했죠. 이곳에 모인 사람들은 자유로운 통행을 가로막는 통행증 제도를 철폐하라고 목소리를 높였어요.

이에 남아프리카공화국의 국민당 정부는 비밀경찰과 군인들을 동원해 시위대를 공격했어요. 기껏 돌멩이를 던지는 시위대를 향해 무차별 총격을 가해 결국 아이들을 포함해 69명이 사망하고 수백 명이 부상을 당합니다.

남아프리카공화국 정부의 무차별적인 민간인 학살에 세계는 경악했습니다. 전 세계가 남아프리카공화국 정부의 인종차별에 항의하고 이를 철폐하고자 지대한 노력을 기울였죠. UN은 1966년 인종차별에 대한 모든 사람의 경각심으로 높이기 위해 이날을 세계 인종차별 철폐의 날International Day for the Elimination of Racial Discrimination로 지정했고, 샤프빌은 인종차별 반대 투쟁에 상징적인 사건과 장소가 되었습니다. 남아프리카공화국 정부 최초의 흑인 대통령 넬슨 만델라는 1996년 12월 10일, 이곳에서 차별 없는 새로운 남아프리카공화국 헌법을 비준했어요.

일본인, 대만인, 한국인은 명예 백인?

인종차별이 극심했던 시절, 남아프리카공화국에서는 사람을 백인, 흑인, 인도인, 혼혈로 구분했습니다. 그렇다면 인도인과 같은 황인에 속하는 일본인, 중국인, 한국인은 어떻게 처우했을까요?

당시 남아프리카공화국은 인종차별 정책으로 국제적으로 큰 비난과 고립에 처한 상황이었습니다. 1961년 영연방에서 축출당하고 1964년 올림픽부터는 출전을 금지당했죠. 1974년에는 UN총회 의결로 회원국 자격을 정지당하기에 이릅니다.[43] 이런 국제적 고립 속에서 아파르트헤이트 정책을 고수하던 남아프리카공화국 정부는 국제적 고립을 탈피하기 위해 다른 나라와의 정상적인 외교 관계가 절실했어요. 정상 외교를 통해 자신들의 인종분리 정책에 대한 정당성을 얻고 싶어 한 거죠.

다른 나라에 외교 관계를 맺자고 끈질기게 요청하던 상황에서 1961년 한국과 수교 협상을 벌이게 됩니다. 이때 남아프리카공화국 정부가 한국 정부에 한국인들을 명예 백인으로 대우할 테니 외교 관계를 맺자고 제안했는데,[44] 당시 한국 정부는 이 수교 요청을 거절합니다. 인종차별 정책을 받아들일 수 없었고, 아프리카 대륙 여러 나라와의 관계와 서방 국가들의 정책과도 발을 맞추어야 했기 때문입니다.

남아프리카공화국에서는 일본인도 백인 대우를 받았어요. 주요 유럽 국가들이 국교를 단절하는 등 국제적으로 고립되어 가는 상황에서 주요 교역 국가였던 일본과의 관계가 더욱 중요했던 거죠. 대만도 남아프리카공화국과 수교를 했는데, 중국과의 체제 경쟁에서 밀리면서 한 나라라도 더 국교를 맺는 것이 중요했던 대만 정부와 남아프리카공화국 정부의 이해관계가 서로 맞아떨어졌기 때문입니다. 이후 인종차별정책을 철폐한 남아프리카공화국 정부는 대만과 국교를 단절하고 1998년 중국과 수교를 맺습니다. 이와 같은 사실에서도 살펴볼 수 있듯이, 인종을 구분하고 그 대우를 달리하는 것이 겉으로는 생물학적 이유에 근거한 것처럼 보이지만 실상은 그때그때 자신들의 이익에 부합하는 결정을 한 것뿐입니다.

버락 오바마는 흑인인가 백인인가?

미국의 제44대 대통령 버락 후세인 오바마Barack Hussein Obama의 아버지는 케냐에서 태어난 흑인이고 어머니는 미국 켄터키주에서 태어난 백인입니다. 그러면 오바마는 흑인일까요? 백인일까요?

일반적으로는 피부색으로 흑인과 백인을 구분하지만 사실 우리는 모두 피부색이 다릅니다. 그렇다면 피부색이 어떤 명도나 채도 이상이어야 흑인이거나 황인이거나 백인이 되는 걸까요? 그런 기준이 있긴 할까요? 인류는 매우 오랜 세월 자연스럽게 교류하며 살아왔습니다. 그 결과 같은 민족과 인종이라고 표현되는 사람들도 사실은 모두 다른 피부색을 가졌죠. 그러니 그런 기준은 존재하지도 않고 존재할 수도 없습니다.

1910년 미국 테네시주에서는 백인과 흑인을 구분하기 위한 법을 만들었어요. 소위 '피 한 방울의 법칙one drop rule'으로 흑인의 피가 1/32 이하로 섞여야 백인이라는 규정입니다. 이 법은 이후 미국 남부의 다른 주로 퍼져나갔습니다.

1977년 미국 루이지애나주의 수지 길로이 핍스Susie Guillory Phipps라는 여성이 가족과 여행을 가기 위해 서류를 준비하다가 자신을 흑인으로 표시한 출생증명서를 보게 됩니다. 수지 핍스 본인은 전형적인 백인의 외형을 가지고 있었고 그의 부모, 그의 조부모 모두 백인의 외형이었죠. 이에 수지는 법원에 이 사건을 제소했지만 5년간의 재판 끝에 패소하고 맙니다. 조사 결과 220여 년 전 그의 고조할머니가 흑인이었기 때문이에요. [45][46] 당시 흑인과 백인의 구분 기준은 왜 32분의 1이었을까요? 이런 결정에는 어떤 과학적 또는 합리적 기준이 적용된 게 아닙니다. 그저 그 당시에 법을 만든 사람들의 자의적 기준일 따름이죠.

그렇다면 인종을 구분하는 기준은 무엇일까요? 만일 '피 한 방울의 법칙'을 반대로 적용해서 백인의 피가 조금이라도 섞인 사람을 모두 백인으로 규정한다면 사람들은 거의 모두가 백인이 되는 걸까요? 또한 독일의 나치는 유대인을 대량 학살했는데 몇천 년에 걸쳐서 다른 민족과 함께 살아온 유대인을 나치는 어떻게 구분했을까요?

탈무드 법과 현대 이스라엘 국가의 이민정책에는 유대인 어머니에게서 태어난 사람만을 유대인으로 공식 인정한다고 합니다. 2차 세계대전이 끝나기 전까지 독일의 나치는 할아버지, 할머니 4명 중의 3명 이상이 유대인이면 그 사람을 유대인으로 규정했어요. 그리고 4분의 1, 혹은 2분의 1 유대계 혈통을 가진 사람들은 다시 구분해 '유대교를 믿지 않는 경우'와 '유대계 혹은 부분적 유대계 혈통과 결혼하지 않은 사람'에 한해서 독일 시민으로 인정했지요. 또한 아버지 쪽이 유대계이면 나치 용어로 '미슐링게Mischlinge'라고 해서 히틀러의 지시에 따라 2차 세계대전 중 독일군에 입대가 허용되기도 했습니다.[47] 이 경우에도 어떤 과학적인 기준이 있었던 게 아닙니다. 나치가 자의적으로 그렇게 정했던 것뿐이에요.

역사학자인 에드먼드 모건Edmund Sears Morgan은 인종주의가 흑백이라는 차이 때문에 발생한 것이 아니라 부유한 자본가(백인)가 가난한 노동자(흑인과 백인)와의 계급 갈등을 피하기 위해 일부러 고안한 통치 도구라고 보았습니다.[48] 결국 인종은 '신체적 특성에 기초해서 사회적으로 규정된 집단'이라는 거지요. 여기에서 '사회적'이라는 표현은 규정을 누가 정하느냐에 따라 그 기준이 달라진다는 것을 의미합니다. 남아프리카공화국에서의 인종 구분과 명예 백인으로 구분된 아시아인들의 사례, 피 한 방울의 법칙, 나치의 유대인 구분 기준 등에서 살펴본 것처럼 말입니다. 이처럼 인종을 구분하는 기준과 규정은 그 사회에서 권력을 가진 사람들의 이익에 맞춰 만들어져 왔습니다.

자기 성별에 적합한
덕성을 잃어버린 죄

여성들에게 덧씌워진 여성스러움에 관한 차별의 역사도 매우 깁니다. 과연 여성스러움은 무엇일까요? 그리고 여성스러움을 원한 사람들은 누구일까요? 1789년 전까지 프랑스는 왕과 소수의 귀족과 성직자만이 특권을 누리던 사회였습니다. 시민들은 이런 불평등하고 부조리한 사회를 바꾸기 위해 혁명을 일으켰지요. 시민들은 왕정을 무너뜨렸고 당시 왕이었던 루이16세Louis 16와 왕비 마리 앙투아네트Marie Antoinette는 단두대에서 사형에 처했습니다.

1789년 8월 26일, 시민들은 제헌국민회의에서 시민혁명을 일으킨 자신들의 생각을 모아 '인간과 시민의 권리선언Déclaration des droits de l'Homme et du citoyen'을 발표했습니다. 이 선언 제1조는 "인간은 나면서부터 자유로우며 평등한 권리를 가진다."라고 되어 있습니다. 인간의 자유와 평등, 저항권 등을 담은 것이지요. 이 선언은 유럽에서 최초의 인권 선언이었고 인권의 역사에서도 매우 큰 이정표입니다.

혁명은 프랑스뿐만 아니라 유럽 전역에 매우 큰 영향을 미치게 됩니다. 그런데 마리 앙투아네트 왕비가 사형당했던 것처럼 단두대에서 사형을 당한 프랑스 여성이 있었어요. 그녀의 실제 죄명은 '자기 성별에 적합한 덕성을 잃어버린 죄'였습니다.[49] 여성이 여성스럽게 행동하지 않았다는 거지요. 그녀의 어떤 점이 여성스럽지 않아서 자유와 인권을 이야기하던 프랑스 혁명의 시기에 사형까지 당한 걸까요? 지금부터 그 이야기를 해 보고자 합니다.

여자는 분홍, 남자는 파랑

프랑스 혁명 당시만 하더라도 현재 수준의 인권 의식을 기대하기란 어려웠습니다. 프랑스 시민혁명에서 선포한 인간의 권리는 '재산을 가진 남성들만의 권리'였지요.

이때 정치 비평가였던 올랭프 드 구즈Olympe de Gouges는 여성도 남성과 똑같은 권리를 가져야 한다고 생각하고, 이런 생각들을 정리해서 '여성과 여성 시민의 권리선언'을 발표했습니다. 이 선언에서 그는 "이성을 가진 모든 존재가 동등하며 따라서 모두 똑같은 권리를 가져야 한다."고 했어요. 제10조에서는 "여성이 단두대에 오를 권리가 있다면 연단에 오를 권리도 있다."라고 밝혔지요. 여성도 남성과 똑같은 권리와 의무를 지고 투표권과 연단에서 말할 권리 등을 가져야 한다는 걸 주장한 겁니다.

그러나 당시 프랑스 남성들은 그렇게 생각하지 않았습니다. 정치에 참여하거나 연단에 서는 것은 여성의 역할이 아니라고 여겼지요. 프랑스 혁명가이자 파리 지역 검사였던 피에르 쇼메트Pierre Chaumette는 "저 남자 같은 여자, 여자 남자, 살림은 버려두고 정치를 하려 했고 범죄를 저지른 무분별한 올랭프 드 구주를 떠올려 보시오. (…) 자기 성별의 미덕을 망각한 것이 그녀를 처형대로 이끌었습니다."라고 했습니다.[50]

구즈는 여성도 남성이 똑같은 권리를 가졌다고 생각했으므로 남성이 하는 것처럼 정치 활동을 시작했습니다. 그리고 여러 가지 정치적 의견을 담은 벽보를 붙이다가 체포되었지요. 그녀는 법정에서 '자기 성별에 적합한 덕성을 잃어버린 죄'로 유죄 판결을 받았고 1793년 11월 13일 단두대에서 사형당합니다.

자신의 성별에 적합한 덕성이란 무엇일까요? 빨래와 음식

조리, 청소, 뜨개질, 아이의 양육과 같은 일은 여성에게만 적합한 일일까요? 남성들은 생계를 책임지고 힘센 일을 도맡아 하는 존재여야만 할까요? 이런 생각은 줄곧 이어져 남자다움과 여자다움이란 편견을 만들어 냅니다. 남자는 듬직하고 힘이 세고 책임감이 있어야 하고, 여자는 상냥하고 얌전하며 세심해야 한다는 거지요. 그래서 지금까지 우리 사회는 개별적인 특성들을 무시하고 남자에게는 남자다울 것을, 여자에게는 여자다울 것을 강조해 왔어요. 또한 남자와 여자는 신체적 차이 외에 근본적인 차이가 있으며, 이는 극복할 수 있는 것이 아니라는 내용도 널리 퍼졌죠.

그래서일까요? 여자아이는 분홍색 옷을, 남자아이는 파란색 옷을 태어날 때부터 좋아한다며 아이들의 옷이나 학용품을 분홍과 파랑으로 여아와 남아의 것을 구분했습니다. 하지만 요즘 여자아이들은 파란 드레스를 입고 싶어 하고 파란 장난감을 고르기도 해요. 애니메이션 〈겨울왕국〉에서 여왕 엘사가 파란 드레스를 입고 나온 영향을 받은 건지 정확히 알 순 없지만, 남자는 파랑, 여자는 분홍이라는 공식이 어느 순간 옅어진 듯 보입니다.

분홍과 파랑처럼 그것을 선택해야 여자답거나 남자답다고 여기듯이 어떤 것들은 너무나 오랫동안 당연한 것처럼 여겨져 마치 본래 그런 것처럼 생각되기도 합니다. 하지만 무엇이 정상이고 무엇이 비정상인가요? 그리고 그 기준은 어떻게 누구에 의해 만들어진 건가요?

여성과 남성에 대한 역할 규정은 여성과 남성 모두에게 피해를 줍니다. 그리고 여성과 남성에 대한 역할 규정은 성별뿐만 아니라 다른 소수자에게도 확대 적용됩니다. 그러므로 어떤 집단에 속해 있다고 해서 그 속에 있는 모두가 동일한 정체성과 특징을 가지지 않는다는 것을 잊지 말아야 해요.

모두가 행복하고 안전한 사회가 되려면

서구 백인 사회를 통해 흑인은 백인에 비해 게으르고 무식하며 폭력적이라는 이미지가 오래전부터 쓰였습니다. 황인(동양인) 또한 대부분 비열하고 사악하다는 이미지가 만들어져 왔습니다. 백인처럼 생각하고 행동하는 것이 교양 있고 세련된 것이라고 은연중 강요받기도 했습니다. 그 결과 흑인이나 황인은 자신의 문화가 백인들의 서구 문화에 비해 열등하고 보잘것없다고 생각하게 되었어요.

이처럼 사회 권력을 독점하던 사람들이 만들어 낸 정상과 비정상의 기준이 있습니다. 이는 우리를 끊임없이 정상이라 여겨지는 곳으로 몰아갔고 '나'라는 존재가 가진 개별성을 언제나 비정상으로 치부하게 했죠. 이런 현실에서 우리는 매 순간 남과 다른 자기 모습이 드러나지 않도록 자신을 억제하거나 속이는 경우가 많았습니다.

내가 가진 특성이 드러나는 순간 왕따나 차별을 받을 수 있다는 생각이 든다면 누구도 자기 모습을 자신 있게 드러낼 수 없을 거예요. 그런 공동체나 조직, 사회는 정서적으로 안전한 환경이나 공간이라고 말할 수 없습니다. 그러니 잘못된 기준으로 만들어진 정상과 비정상과 같은 표현으로 자신을 옥죄지 않도록 해야 합니다. 또한 누구에 의해 강요된 모습이 아니라 마음껏 자기 자신을 표현할 수 있는, 다양성이 존중받는 공간으로 만들어야 합니다. 자기 모습에 스스로 당당할 수 있도록 사회적 분위기를 만들어 나가야 해요. 사람에게 정상과 비정상이란 표현은 어울리지 않아요. 그저 각자 '나'라는 사람이 있을 뿐입니다.

각자가 가진 정체성은 부끄러운 것이 아니라 자랑스러운 것입니다. 남과 다른 것은 이상한 것이 아니라 당연한 것입니다. 자신이 가진 모습과 정체성을 자랑스럽게 생각하는 세상이 되어야 합니다. 그리고 이렇게 나의 정체성과 개별성을 마음껏 표현해도 차별을 받을 위험이 없는 안전한 공간을 만들어야 합니다. 그래야 비로소 너와 내가 모두 안전하고 행복한 공동체가 될 수 있습니다.

정상가족

가족은 매우 다양한 형태가 있습니다. 국제결혼가족, 입양가족, 재혼가족, 무자녀가족, 한부모가족, 조손가족, 미혼모 또는 미혼부가족, 소년소녀가장가족, 일반위탁가족, 혈연관계가 없는 동거가족, 법적으로 가족으로 인정받지 못하는 대안가족, 동성가족. 이중 어떤 가족도 비정상가족은 아닙니다. 애초에 가족 형태에 정상과 비정상이 있을 수 없어요. 각자 다른 조건과 상황에 따라 가족을 이루고 있는 것뿐이지요. 그러나 한국 사회에는 매우 오랫동안 정상가족이나 건강가족이라는 잘못된 기준이 존재했습니다. 이제 가족에 대한 기준과 범위에 대한 생각도 달라져야만 합니다.

2023년 여론조사기관인 한국리서치의 '한국인의 정상가족에 대한 인식 조사'를 살펴보면 국제결혼가족, 입양가족, 재혼가족은 90% 가까이, 무자녀가족과 한부모가족은 70% 이상, 조손가족과 미혼모나 미혼부가족은 60% 정도가 정상가족으로 생각한다고 응답했습니다. 이외에 소년소녀가장가족, 일반위탁가족, 동거가족, 대안가족, 동성가족 순으로 정상가족이라고 생각하는 비율이 조금씩 떨어지는 결과를 보였어요.[51]

조사대상자 중 18~29세는 동거가족에 대해 51%, 대안가족 52%, 동성가족 56%가 정상가족이라고 응답했어요. 반면 60세 이상은 동거가족에 대해 36%, 대안가족 25%, 동성가족 16%가 그렇다고 응답했습니다. 연령이 낮을수록 제시한 다양한 가족 형태에 대해 정상가족이라고 응답한 비율이 높아지는 것을 알 수 있어요. 조금씩 차이가 있지만 정상가족이나 건강가족에 대한 불필요한 기준과 편견이 연령이 낮을수록 사라지고 있다는 것 또한 알 수 있습니다.

같은 조사에서 '가족의 범위'는 자녀 91%, 부모 86%, 형제자매 75% 순으로 가족 구성원에 해당한다고 응답했어요. 혈연관계가 멀어질수록 가족으로 생각하는 비율이 떨어지는 것이죠. 흥미로운 사실은 반려동물에 대해서는 26%가, 반려식물에 대해서도 8%가 가족 구성원으로 생각한다는 점이에요. 이 결과는 아버지의 형제/남매 및 그 배우자 28%, 어머니의 자매/남매 및 그 배우자 27%와 비교해서 큰 차이가 나지 않는 결과입니다.[52] 가족 구성원에 대한 한국 사회 구성원의 생각이 정말 빨리 변하고 있다는 점을 확인할 수 있습니다.

정상가족 이미지는 누가 만드는가

한국 사회는 많은 사람의 노력으로 더욱 성평등적이고 다양한 형태로 변화하고 있습니다. 더디기는 하지만 그동안 문제시되었던 남성 중심의 가부장적 문화에서 조금씩 벗어나 다양한 가족 형태가 있다는 점을 인정하는 방향으로 가고 있는 것이지요. 조사 결과에서 보듯 혈연관계의 친인척보다 함께 사는 반려동물을 가족이라고 생각하는 사람이 점점 더 증가하는 추세입니다. 예전과 비교하면 정말 생각할 수 없는 큰 변화죠.

그러나 '건강가족'이란 명칭이 지금껏 기존 한국 사회가 가지고 있는 가족 형태에 대한 편견과 맞물리면서 부모와 자녀로 구성된 가족만 '정상가족' 또는 '건강가족'이란 인식을

확산시켜 온 건 사실입니다. 그렇다면 누가 정상가족이라는 이미지를 만들었던 걸까요?

정부가 운영하는 현재의 가족센터 이전 명칭은 '건강가족 지원센터'였습니다. 많은 가족 관련 행사의 홍보물은 대체로 아빠, 엄마, 아들, 딸로 구성된 이미지로 채워져 있었죠. 시민들은 이와 같은 홍보물과 표현을 통해 '건강가족'의 의미와 범위에 대해 잘못된 편견을 주입받아 왔어요. 정부의 정책이 변화하는 시민의식에 발맞추기는커녕 오히려 잘못된 인식을 만들고 확산시켜 온 거죠.

코로나19 팬데믹 시기, 정부는 긴급재난 지원금을 지급하면서 4인 가족을 기준으로 삼아 지원금을 산정하고 세대주에게 재난 지원금을 지급했습니다. 하지만 이런 결정은 점차 벗어나고 있던 남성 세대주 중심의 가부장적 가족 문화에 다시 힘을 주는 결과를 낳았죠. 다양해진 가족 형태를 감안하면 세대주를 통한 지원금의 지급은 올바른 방향이 아니었습니다. 더욱이 변화하는 사회상을 반영하지도 못한 결정이었죠. 2022년 통계청에서 발표한 인구주택 총조사의 결과에 따르면 2021년 11월 1일 기준으로 한국의 총가구 수는 2,238만 3,000가구이고, 그중 1인 가구는 750만 2,000가구로 전체의 약 34.5%에 달합니다. 세 집 중 한 집은 혼자 사는 집인 셈이에요. 조사에서 4인 이상 가구의 통계에 따르면, 4인 이상 가구는 전년 대비 -5.2%나 줄어든 382만 6,000가구로 1인 가구의 절반 정도에 불과했습니다. 게다가 한국의 가구당 평균 가구원 수는 2.25명이었고요.[53] 가구원 수만 보아도 이제 4인 가족이 전체 가족을 대변하는 기준일 수 없는 거죠.

또한 재난 기본소득을 사실상 세대주만이 수령할 수 있도록 한 것도 다시 살펴봐야 합니다. 재난 지원금을 다른 가족이 받으려면 복잡한 서류와 절차가 필요했어요. 예를 들어 세대주인 남편은 휴대폰을 통해 재난 지원금을 간단하게 신청하고 수령할 수 있었지만, 같은 가족 구성원인 아내가 재난 지원금을 신청하려면 추가적인 절차가 필요했습니다. 일단 재난 지원금을 신청하고 받아도 좋다는 남편(세대주)의 위임장과 인감도장 날인을 받아야 했고요. 이 위임장과 남편의 인감증명서, 본인의 신분증을 지참하여 동사무소 등을 직접 방문해서 신청해야 했지요. 결과적으로 이 정책은 남성 가장에게만 재난 지원금을 수령할 권리를 준 것이나 마찬가지였습니다.

조금씩이라도 긍정적인 변화가 보인다

정부가 말한 '4인 가족 기준'은 4인 가족만이 보통 가족의 기준이 되는 것처럼 사람들에게 반복적으로 인식을 심어줍니다. 한국 사회의 다른 다양한 가족 형태를 비정상으로 인식하게 하는 사회적 낙인 효과를 일으킬 수 있어요. 이러한 부정적 효과는 장기적으로 한국 사회 곳곳의 다양성 실현에 매우 큰 악영향을 미치게 됩니다.

2021년 10월 13일 여성가족부는 보도자료를 내고 기존의 '건강가정·다문화가족지원센터'의 명칭을 '가족센터'로 변경한다고 발표했습니다. 기존의 센터가 지역 내 모든 가족이 이용할 수 있는 통합적 서비스를 제공하고 있는데도 '건강가정·다문화가족지원센터'라는 명칭 때문에 특정 가족만 이용할 수 있는 곳으로 잘못 알려져 이를 바로잡겠다는 이유였죠.

"현장에서 느끼는 가장 큰 애로점은 건강가정기본법과 센터 명칭이다. 명칭 때문에 불필요한 오해가 생긴다. 일반 가족들은 다문화가족만 센터를 이용해야 할 것으로 알고, 한부모가족이나 조손가족은 부부와 자녀로 이루어진 소위 '정상가족'만 서비스를 받을 수 있는 것으로 생각한다. 제공하는 서비스가 다양함에도 불구하고 저변 확대가 어렵다. '건강가정'이라는 용어를 빼는 형태로 센터 명칭을 바꾼다면 서비스 수혜자가 훨씬 많아질 것이다."

- ○○○ 센터[54]

어떤 가족 구성 형태도 비정상이거나 건강하지 않다고 말할 수 없습니다. 따라서 이제는 더 이상 가족 구성과 형태에 '건강'이나 '정상'이라는 기준과 잣대를 들이대는 일이 없었으면 합니다.

다양성 부족이 만든
차별과 광기

서로를 증오하게 만드는 혐오

"기억해요. (홀로코스트는) 가스실에서 시작된 것이 아니에요. 정치인들이 우리와 그들을 나누면서 시작되었어요. 사람들이 무감각해지고 외면하고 서로를 신경 쓰지 않을 때 그리고 불관용과 혐오 표현에서 시작되었어요."[55]

서로가 가진 다양한 모습과 정체성을 이해하고 존중하지 않는 사회에서 더욱 심각하게 나타나는 것이 혐오(증오) 표현입니다. 태어날 때부터 무언가를 혐오하는 사람은 없어요. 혐오는 우리가 속한 사회와 문화 속에서 후천적으로 학습되는 것입니다. 혐오 표현을 심각하게 생각해야 하는 이유는 혐오 표현이 단순히 어떤 것을 싫어한다고 말하는 것과는 다르기 때문입니다. 혐오 표현은 누군가를 싫어하는 감정을 표현하는 데 그치지 않고 그 사람의 영혼을 죽이는 행위입니다. 그리고 특정 집단을 향한 혐오는 서로를 증오하게 만들고 심각한 차별로 이어져 결국 모두가 불행한 사회를 만듭니다.

혐오에서 시작된 홀로코스트

독일의 히틀러와 나치는 1933년부터 2차 세계대전으로 독일이 폐망하는 1945년까지 수많은 유대인, 폴란드인, 슬라브인, 장애인, 성소수자, 집시 등을 집단 학살했습니다. 인종적으로 순수한 독일을 건설해야 한다며 약 600만 명의 유대인, 25여만 명의 장애인, 180만 명의 폴란드인, 25만 명의 집시, 수백에서 수천 명의 성소수자를 학대하고 독가스와 총으로 살해한 거죠.[56]

1945년 1월 27일은 2차 세계대전 당시 유대인을 학살하던 수용소 중 가장 규모가 크던 아우슈비츠 수용소를 소련군이 해방한 날입니다. 그래서 유엔은 매년 1월 27일을 '국제 홀로코스트 희생자 추모의 날'로 정해 이 비극의 역사를 잊지 않고 있습니다. 홀로코스트는 다양성 부족과 잘못된 편견이 어떻게 집단적인 광기로 번지며 끔찍한 비극을 만들 수 있는지를 보여주는 사례입니다. 그러나 안타깝게도 이런 비극은 계속해서 벌어지고 있습니다. 1994년 아프리카 르완다에서 일어난 후투족과 투치족 사이의 대학살도 그중 하나입니다.

르완다 내전이 일어난 지 불과 100일 만에 최소 50만 명에서 100만 명의 후투족이 투치족에 의해 학살되었어요. 이는 후투족 전체 인구의 최대 70%에 달하는 수치입니다. 문제의 시작은 벨기에의 식민 통치에서 비롯됩니다. 제국주의

오늘날의 르완다

르완다는 오랜 기간의 식민 통치 후 1962년 벨기에로부터 독립했습니다. 그리고 30여 년 전 내전과 학살을 등 매우 큰 고통을 겪었습니다. 하지만 현재의 르완다는 시민들의 노력으로 사회 안정은 물론 눈부신 경제성장을 이루고 있습니다. 르완다는 2018년 8.6%, 2019년 9.4%에 달하는 등 고도성장 중입니다.

또한 사회적으로 이제는 매우 안전한 국가로 평가받고 있습니다. 2023년 영국 국영방송인 BBC에서는 여성이 혼자 여행하기 가장 안전한 다섯 나라로 노르웨이, 슬로베니아, 일본, 아랍에미리트와 함께 르완다를 꼽기도 했습니다. 2018년 국회의원 선거에서는 여성의원의 비율이 61%가 넘는 의회 성평등 1위 국가이기도 합니다.

시절 르완다를 점령 통치했던 벨기에는 소수의 벨기에인이 통치하기 편하도록 르완다를 민족으로 분리해 소수의 투치족(14%)이 다수의 후투족(85%)을 통치하도록 했습니다. 1962년 벨기에서 독립한 르완다는 이런 민족적 갈등을 안은 채 출발했고 이후 여러 가지 정치적 사건을 겪으며 대학살 사건에 이르게 된 것이죠.

이런 예는 르완다 대학살뿐만이 아닙니다. 유럽에서는 1991년에서 2001년까지 유고슬라비아연방이 해체되는 과정에서 수없이 많은 사람이 민족과 종교가 다르다는 이유로 학살되었습니다. 이 지역은 10여 년 동안 코소보 전쟁과 보스니아 전쟁 등을 겪었고, 너무나 복잡한 이해관계와 사건으로 얼마나 많은 사람이 희생되었는지 정확한 통계를 내기도 어렵습니다. 이 과정에서 드러난 대표적 사건 중 하나가 '스레브레니차Srebrenica 집단학살 사건'이에요. 2015년 세르비아계 민병대인 스릅스카군은 보스니아 헤르체고비나 공화국의 국경도시 스레브레니차를 공격해 도시의 주민을 집단학살했는데, 공식적으로 확인된 사망자만 8,372명에 달합니다.[57][58] 이 사건은 겉으로는 서로 다른 민족과 종교가 이유인 것처럼 보이지만, 많은 전문가가 이 비극 역시 각 정치 세력이 기득권과 이익을 유지하기 위해 민족주의와 종교를 이용한 것이라고 비판하고 있습니다.

아시아에서는 2016년 미얀마의 소수 민족인 로힝야Rohingya 에 대한 학살이 다시 크게 벌어져 수많은 난민이 발생했습니다. 이 사건은 시기적으로는 오랜 기간 군사독재 체제인 미얀마가 잠시 민주화되었을 때 벌어졌지만, 사실은 미얀마의 실질적인 통치 권력을 가지고 있던 군사정부가 자신들의 이익을 위해 벌인 사건입니다. 미얀마 군사정부의 군인들에 의해 적어도 수천 명의 로힝야 사람들이 학살되었고 즉결 처분과 집단 강간을 당했습니다. 그리고 수십만이 넘는 사람들이 자신들의 살던 곳에서 쫓겨났어요. 현재 로힝야 난민은 70만여 명으로 추산되고 있습니다. 이후 미얀마 군부는 2021년 2월 1일, 다시 쿠데타를 일으켜 민주적으로 선출된 정부 관계자들을 내쫓고 권력을 차지했어요. 그리고 군사쿠데타에 저항하는 시민과 소수민족을 공격하고 있습니다.

홀로코스트와 같은 비극을 막기 위한 최소한의 노력

지금까지 언급한 사건 이외에도 수많은 집단 학살 사건들이 지역을 가리지 않고 이어지고 있습니다. 이런 끔찍한 학살의 공통점은 평소 누적되어 온 특정 집단에 대한 혐오와 차별의 마음이 바탕이 되었다는 점이에요. 그리고 이런 갈등의 불씨를 이용해 더욱 서로를 혐오하게 만든 정치인과 정치집단이 있었지요. 어쩌면 시작은 매우 단순한 몰이해와 소통 부족에서 시작했을 수도 있습니다. 하지만 다양한 정체성에 대한 서로의 이해와 존중이 없다면 이런 일은 언제든 다시 일어날 수 있습니다.

이런 비극은 서로 다른 인종과 민족 또는 종교 사이에서만 벌어지는 것이 아닙니다. 홀로코스트의 사례처럼 성소수자, 장애인, 집시와 같은 사회적 소수자들이 희생양이 되어 왔다는 것을 우리는 기억해야 합니다. 또한 우리는 다양한 사람이 평화롭게 공존하는 세상을 위해 이런 비극이 다시 일어나지 않도록 막아내야 합니다. 그러려면 평소 우리 주변에서부터 다른 정체성에 대한 존중과 이해를 지속해서 확산해야만 합니다.

계속되는 광기에 맞선 공존의 노력

자신과 다른 정체성을 가진 사람들에 의한 혐오가 공격으로 이어지는 광기는 지금도 계속되고 있습니다. 2019년 3월 15일 뉴질랜드의 크라이스트처어치Christchurch 지역에서 백인 우월주의자이자 반난민, 반무슬림자였던 브렌턴 테런트Brenton Tarrant가 이슬람 사원 두 곳을 공격해 51명을 살해한 사건이 벌어졌습니다. 그는 이를 페이스북에 생중계하기까지 했죠.

이 사건을 계기로 많은 사람이 다른 인종과 종교를 믿는 사람 간에 갈등과 반목이 일어나지 않을까 우려했어요. 하지만 뉴질랜드 시민들은 피해를 당한 공동체에 위로와 지지를 보내는 일에 더욱 집중했습니다. 뉴질랜드가 더욱 다양하고 포용적인 사회가 되어야 한다며 화합과 평화로운 공존을 위해 노력했지요. 당시 총리였던 저신다 아던Jacinda Ardern은 테러 직후 이를 강조한 연설을 했습니다.

"뉴질랜드가 혐오주의자들에게 안전한 도피처이기 때문에 표적이 된 것이 아닙니다. 우리가 인종주의를 용납하고 극단주의자들의 소굴이기 때문에 이러한 폭력행위가 일어난 것이 아닙니다. 우리는 이 중 그 어떤 것도 아니기 때문에 선택된 것입니다.

왜냐하면 우리가 다양성, 친절함, 연민, 우리의 가치를 공유하는 사람을 위한 집, 그리고 피난처가 필요한 사람들을 대표하기 때문입니다. 그리고 그 가치들은 제가 장담하건대 이 공격으로 인해 흔들리지 않을 것이며 흔들릴 수 없습니다.

우리는 200개 이상의 민족과 160개 이상의 언어로 이루어진 자랑스러운 국가입니다. 이런 다양성 속에서 우리는 공통의 가치를 가지고 있습니다. 현재 우리에게 필요한 것은 이번 참사로 직접적인 피해를 본 이들에 대한 공감과 지원입니다. 두 번째로는 이런 행위를 저지를 이들의 이념(생각)을 가능한 가장 강력하게 규탄하는 것입니다. 당신이 우리를 (테러 대상으로) 선택했을지 모르지만, 우리는 너희를 단호하게 거부하고 규탄한다."

– 테러 직후, 저신다 아던 뉴질랜드 총리의 연설[59]

우리는 아직도 일상에서 여러 가지 혐오와 차별, 그리고 극단적인 공격을 마주하고 있습니다. 2016년 한 시민이 여성이라는 이유만으로 공격받아 살해되었던 강남역 살해 사건, 2022년 미국에서 벌어졌던 성소수자 클럽 총기 난사 사건처럼 말이지요. 그래서 일상에서의 작은 차별 행위를 소홀히 여기지 말아야 합니다. '이 정도는 괜찮겠지'라고 생각한 것들이 쌓여 모두를 불행하게 만드니까요. 작은 차별 행위와 언동이 쌓이고 쌓여 다른 정체성을 가진 집단에 대한 차별로 이어집니다. 이를 방치하면 최악의 경우 다른 집단에 대한 학살로 이어진다는 것을 우리는 역사를 통해서도 확인할 수 있었습니다.

우리는 더더욱 다양성을 증진하여 모두의 안전을 도모해야 합니다. 차이를 인정한다는 것은 그저 차이가 있다는 것을 아는 것과는 달라요. 차이가 차별이 되지 않도록 하고, 차별이 있는 경우 적극적으로 이를 개선할 수 있도록 모두가 노력해야 합니다.

아우슈비츠-비르케나우로 수용소

폴란드 남부 오슈비엥침^{Oswiecim}에 위치한 아우슈비츠 수용소^{Auschwitz Birkenau}는 독일 나치가 세운 제일 큰 수용소로 1940~1945년까지 최소 130만 명이 이송되었고 약 110만 명이 이곳에서 살해되었습니다. 그중 최소 96만 명이 유대인이었어요.

이곳은 인간이 얼마나 잔인해질 수 있는지를 보여주는 최악의 반인도 범죄 현장입니다. 당시 나치는 철도로 실어 온 사람 중 몸이 약하거나 병이든 사람, 노인과 어린이 등 노동할 수 없는 사람들을 우선 골라내 샤워실로 가장된 가스실로 옮겼습니다. 가스실에는 가짜 샤워기가 달려있어 마지막까지 사람들을 안심시켰지요. 그리고 샤워기로 가스를 내보내 이들을 집단 학살했습니다. 이 학살은 1944년 11월까지 지속되었습니다.

나치는 전쟁에서 불리해지자 자신의 범죄 증거를 없애고자 가스실 가동을 중단시키고 주입 장치를 파괴한 후 남은 수용소를 파괴하려고 했습니다. 하지만 1945년 1월 27일 소련군이 먼저 도착해서 현재의 건물들이 남아 있게 된 것이죠. 소련군이 도착했을 당시 수용소에는 7,000여 명이 남아 있었는데, 대부분 죽어가는 중이었다고 합니다.

현재 이곳에는 희생자들을 기리는 국제위령비가 세워져 있습니다. 그리고 현재는 이곳을 박물관으로 만들어 사람들이 이곳에서 벌어진 참상을 잊지 않도록 하고 있습니다. 1979년 유네스코는 인류가 다시는 이런 잘못을 저지르지 않도록 이곳을 세계문화유산으로 지정했습니다.

(함께 고민하고 말하고 싶어)

표준형 인간이란 있을 수 없습니다. 인간은 다양하고 복합적인 정체성의 집합체입니다. 그럼에도 때때로 사회 곳곳에서 오랫동안 누가 정상인지 아닌지를 구분해 왔습니다. 그렇다면 정상과 비정상을 가르는 기준은 무엇일까요? 그 기준은 누가 어떤 방식으로 정해 왔을까요? 특정 집단의 이익을 위해 설정된 기준은 다른 모든 이를 배제하거나 위험에 처하게 했습니다. 사회적 소수자를 만들어 사람들을 구분하고 나누어 왔습니다. 이런 구분과 차별을 통해 얻을 수 있는 모두를 위한 이익은 없습니다. 그리고 다양성 부족이 재난과 위기를 만났을 때, 역사적으로 어떤 일이 벌어져 왔는지를 교훈으로 삼아야 합니다. 평상시에 다져놓은 다양성 존중은 재난과 위기의 순간, 모두의 안전과 평화를 지키는 진정한 힘이 됩니다.

1 내가 가진 어떤 모습 중 하나로 차별받거나 비정상이라고 취급당한 적이 있었나요? 당신이 가진 어떤 모습은 왜 부당하게 차별받게 되었을까요?

2 여전히 지구촌 곳곳에서는 서로를 향한 증오로 수없이 많은 혐오 범죄가 일어나고 있습니다. 더 이상 이런 혐오범죄가 일어나지 않게 하려면 우리는 어떤 노력을 기울여야 할까요?

4부

다양성 확산을 위한 노력

질문있어요

Q1. 다양성이 확산하면 어떤 점이 좋나요?

Q2. 기업/정부는 왜 다양성 확산을 위해 노력하나요?

Q3. 다양성 확산을 위해 우리는 어떤 실천을 해야
    하나요?

기업은 물론 대학, 정부 그리고 각 공공기관도 앞다투어 다양성을 확산시키기 위해 노력하고 있습니다. 왜 기업들은 앞다투어 '더 다양하게'를 외치며!' 다양성 보고서를 만들고 다양성 부서와 최고 책임자를 두는 것일까요?

　다양성은 여러 측면이 있지만 우리 모두를 더욱 풍요롭게 하고 창의력을 발휘할 수 있게 합니다. 그러나 기존의 의무적인 방식으로 다양성 확산을 위해 노력한다면 그 효과를 기대하기 어렵거나 오히려 역효과가 날 수 있습니다. 또한 잊지 말아야 할 것은 다양성을 경쟁력 향상의 도구로만 해석해서는 안 된다는 겁니다. 다양성을 우위에 서기 위한 경쟁력의 잣대로만 해석한다면 우리는 세상을 필요한 사람과 필요하지 않은 사람으로 구분하는 또 다른 악순환에 빠지게 될 것입니다. 이런 이유로 다양성이 가지는 '사회정의'적 차원과 '창의력과 경쟁력'의 관점이 균형 있게 다루어져야 합니다.

　이번 장에서는 사회 각 분야에서 다양성 확산을 향한 여러 가지 실천 노력을 살펴보겠습니다. 재난과 위기의 순간에 갈등과 차별을 이겨내는 빛나는 시민 활동을 소개하고자 합니다.

창의성의 원천, 다양성

"우리는 같지 않습니다. 그게 우리의 최고 강점입니다."[60]

애플의 다양성 보고서에 나오는 문구입니다. 최근 기업들은 앞다투어 다양성 보고서를 만들고 회사 조직을 다양한 배경을 가진 사람들로 구성하고 있어요. 기업의 구성원뿐만 아니라 운영 방식, 의사소통 체계, 홍보 마케팅 등 사실상 전 분야에서 다양성을 증가시키기 위해 끊임없이 고민하고 있죠.

지금까지 우리는 다양성이 가지는 사회정의 차원의 문제와 모두의 행복과 안전에 미치는 영향에 대해 생각해 보았습니다. 지금부터는 다양성이 가지는 또 다른 측면에 대해서 살펴보려 합니다. 바로 우리를 더욱 풍요롭게 해주는 '창의력과 경쟁력'에서의 관점입니다.

세상은 빠르게 변하고 정보의 이동과 교환은 물론 물자나 사람의 이동도 어마어마합니다. 출발지나 원산지는 달라도 서로가 가진 다양성이 여러 방식으로 융합하면서 이전에 경험하지 못했던 새로운 세상을 만들고 있지요.

우리가 먹는 음식 재료들은 어디서 왔을까?

한국 음식 재료의 원산지를 생각해 보면, 본래 한국이 원산지인 재료는 많지 않습니다. 한국 음식에서 절대 빼놓을 수 없는 고추는 중부 아메리카의 멕시코 지역이 원산지로 16세기 콜럼버스가 아메리카 대륙에 도착한 이후 다른 나라에 퍼지게 된 것이고, 한국에는 임진왜란 전후로 일본으로부터 들어왔다고 합니다.

이처럼 중부나 남미대륙이 원산지였으나 전 세계에 퍼진 식재료가 여럿 있습니다. 감자는 현재의 볼리비아, 칠레, 페루 지역이 원산지인데 1824년에 한국에 처음 들어왔습니다. 멕시코 고산 지역이 원산지로 추정되는 고구마는 1763년 일본에 조선통신사로 갔던 조엄이 일본 쓰시마섬으로부터 최초로 들여왔다고 하고요.

한반도에서 자라다가 전 세계로 퍼진 식재료도 있습니다. 바로 '콩'입니다. 한반도 및 만주 지역에서 자라던 콩은 중국으로 전해졌다가 전 세계의 사랑받는 음식 재료가 되었습니다. 양파가 처음 재배된 곳은 서아시아와 지중해, 대파는 중국 서부 지역, 무는 지중해 지역이나 중앙아시아와 인도 지역, 배추는 중국 북부지방 등으로 알려져 있습니다.

서로 다른 것이 만나고 섞이면 이전에 없던 새로운 것을 만들 수 있습니다. 그래서 다양성을 '창의성의 원천'이라고 도 합니다. 인류 역사 자체가 바로 이 과정의 연속이기도 하고요. 음식을 예로 들어볼까요? 잘 알려진 것처럼 피자는 이탈리아에서 먹기 시작한 음식이고 마라탕은 중국에서 시작되었습니다. 쌀국수는 베트남 등 동남아시아 국가에서 많이 먹던 음식이지요. 햄버거, 감자튀김, 빵은 어떨까요?

사람의 이동이 가속화되면서 이제는 각자의 지역에서 전세계의 음식을 즐기는 세상이 되었습니다. 그뿐만 아니라 피자처럼 전 세계로 퍼진 음식들은 각 지역의 특색에 맞게 다시 변형되고 발전되었지요. 음식을 예로 들었지만, 현재 우리가 누리는 모든 것이 바로 이렇게 서로 다른 것이 섞이고 어우러지면서 새롭게 만들어진 것입니다.

'다양성이 능력을 이긴다'

제품을 빨리 그리고 많이 만들어 내는 것이 중요했던 산업혁명과 뒤이은 대량생산 시대에는 획일적인 효율성을 더 강조하는 사람들이 많았습니다. 그래서 일사불란한 모습을 보이는 것이 더 생산적이라고 생각했지요. 단순 반복적인 분야에서는 이 방식이 더 효과적으로 보였을 겁니다.

하지만 4차 산업혁명 시기인 오늘날에는 창의성이 담보되어야 합니다. 만약 오늘날 다양성이 없다면 어떤 일이 벌어질까요? 회사에 모두 같은 얼굴을 하고, 같은 옷을 입고, 같은 생각을 하고, 같은 가정환경을 가진 사람들만 있다고 생각해 봅시다. 모두가 같은 생각을 하고, 같은 의견을 말하는 상황이라면 함께 모여 아이디어 회의를 하거나 더 나은 결정을 하기 위해 토론할 필요도 없지 않을까요?

이에 대해 미국 미시간 대학교의 스콧 페이지Scott. E. Page 교수는 '다양성이 능력을 이긴다Diversity trumps ability'는 이론을 제시했습니다. 덜 똑똑하더라도 다양한 배경과 정체성을 가진 사람들로 구성된 그룹이, 더 똑똑한 사람들로 구성되었지만 다양하지 않은 그룹보다 더 높은 성과를 낸다는 거죠.[61] 또한 전체적인 다양성을 증가시킴으로써 획일화된 의견만이 제시되는 경우 빠질 수 있는 집단적 결정의 오류를 줄일 수 있을 것입니다.

앞선 장에서 우리는 지금까지 다양성을 갈등 해결과 평화로운 공존을 위한 윤리적 관점으로 살펴보았습니다. 이에 더해 다양성 확산은 사회에 창의성을 더하고 오류를 줄여 모두가 더욱 올바른 결정을 내릴 수 있게 도우며, 보다 풍요로운 세상을 만드는 원동력이 됩니다.

다양성 확산을 위한 정부와 기업의 변화

2022년 4월 미국 국무부는 부서의 모든 업무에서 다양성과 포용성을 증진하기 위해 다양성 및 포용성 부서Office of Diverse and Inclusion를 설립하며[62] 다양성과 포용성이 우리를 더 강하고 똑똑하고 창조적으로 만들 거라고 강조했습니다. 때로는 불편하게 여겨지는 서로 다른 관점과 생각이 결국 성공의 대안을 넓힌다고 본 것입니다.[63] 또한 정부의 모든 조직에 다양성과 포용성을 확산하고 적용하는 것이 정부 조직 본연의 역할을 보다 잘 수행하게 할 수 있게 한다는 것입니다.

이 부서는 2만 4,000여 명으로 이루어진 미 국무부를 성별, 인종별 등 다양한 정체성을 가진 사람들로 채워나가는 등 여러 가지 활동을 통해 미 국무부가 다양성이 보장받는 조직이 되도록 하고 있습니다. 정부 조직의 구성원이 성별, 직종별, 지역별 등에서도 대표성을 가질 수 있게 하는 것이지요. 또한 인적 구성의 다양성을 보장하는 것뿐만이 아니라 모두에게 공평한 정보 접근 기회 등 조직 안에서의 행정 운영에서도 다양성이 구현될 수 있도록 노력하고 있습니다. 다른 관점과 생각으로 서로의 빈틈을 채워 업무를 보다 잘 수행할 수 있도록 말입니다.

다양성 보장과 창의력과의 관계는 기업에도 매우 큰 자극

이 되고 있습니다. 2020년 세계적인 컨설팅 업체인 매킨지는 '다양성의 승리Diversity wins: How inclusion matters'라는 보고서에서 15개국 1,000개의 대기업을 대상으로 경영진의 인적 구성의 다양성과 매출액의 연관성에 대한 조사 결과를 발표했는데, 이 보고서에 따르면 경영진의 성별 다양성 상위 25%의 기업이 다양성이 낮은 하위 25%보다 수익률이 25% 높았다고 합니다. 또한 인종 다양성 상위 25% 기업이 다양성이 낮은 하위 25% 기업보다 수익률이 36% 더 높다고 발표했습니다. 이를 근거로 보고서는 인종과 젠더뿐만 아니라 다양한 소수자, 즉 성소수자, 연령, 세대 등에서 다양성이 필요하다는 점을 강조하고 있습니다.

기업들의 다양성 보고서

공공기관과 기업은 사람을 대상으로 재화를 생산하거나 서비스를 제공하므로 사실은 사람들이 매우 다양한 정체성을 가지고 있다는 점을 염두에 두어야 합니다. 즉 공공기관이나 기업은 개인의 다양한 정체성과 욕구를 반영해야만 본연의 역할과 목적을 보다 잘 수행할 수 있는 거지요.

넷플릭스는 자체 제작하는 각종 영화와 드라마 등에서 등장인물이 가지는 다양한 정체성의 비율을 기록해 공개하고 있습니다. 주인공을 비롯한 등장인물의 성비, 장애 유무, 인종, 성소수자의 등장 비율을 기록하고 더욱 다양한 정체성을 가진 사람이 등장할 수 있게 노력하는 거지요. 모든 사람을 위한 작품을 만들고 서비스하려면 인적 다양성 보장이 꼭 필요하기 때문입니다.

오늘날 각 기업은 치열한 경쟁 속에서 살아남기 위해 앞다투어 다양하고 포용적인 회사와 조직을 만들기 위해 노력하고 있습니다. 그들이 발표한 다양성 보고서를 보면 해당 기업들이 다양성을 대하는 태도와 자세가 그대로 드러나 있습니다.

애플 우리는 모두 같지 않습니다. 그것이 우리의 최대 강점입니다.

구글 다양하고 포괄적인 인력을 만들기 위해 노력하고 있습니다. 우리가 우리 일을 제대로 할 수 있다면 우리는 번창해 나갈 것입니다. 우리의 목표는 직원, 고객, 이용자 모두의 다양성을 찬미하는 일터를 만드는 것입니다. 우리는 인종, 민족, 사회적 배경, 종교, 성, 나이, 장애, 성적 지향, 재향군인의 지위, 출신 국가에 따라 다양한 배경의 관점이 포함된 모든 사람을 위한 제품을 만들기 위해 노력합니다.

넷플릭스 전 세계 사람들을 대상으로 이야기를 제작하고 전달합니다. 광범위한 이야기를 전하고 이를 모든 곳에서 접할 수 있게 하려면, 서로의 차이점을 유쾌하게 받아들일 수 있는 다양한 배역과 문화를 가진 직원들이 필요합니다.[64]

기업들은 다양성을 각 기업의 생산품과 서비스에서 구현해 냅니다. 디즈니의 애니메이션이나 넷플릭스와 같은 OTT에서 나오는 최신 영화나 드라마에서 주인공이 누구였는지 한 번 생각해 보세요. 백인 남성 위주에서 벗어나, 여성 그리고 동양인과 흑인을 비롯해 다양한 인종이 예전에 비해 자주 등장하고 있다는 것을 느낄 수 있습니다.

이런 노력은 여러 지표로 확인되고 있는데요. 넷플릭스는 다양성 보고서를 통해 2018년 넷플릭스의 미국 원작 영화와 TV 시리즈에서 주인공(공동 주연 포함)의 백인 비율은 71.6%, 비백인 비율은 28.4%였으나, 2021년에는 비백인 비율이 47.5%로 증가했다고 밝히고 있습니다. 또한 성소수자의 등장 비율은 2018년 11.5%에서 2021년 20.3%로 늘었으며, 넷플릭스 시리즈에서 여성 작가의 비율 또한 2018년 30.6%에서 2021년 41.1로 증가했다고 발표했습니다.[65]

대학들도 마찬가지로 다양성을 확산시키고 누구도 차별받지 않는 공간이 되도록 여러 가지 노력을 기울이고 있습니다. 다양한 구성원이 함께하는 것이 윤리적인 측면에서도 올바르며, 대학과 대학 구성원 모두에게 더 나은 환경과 기회를 부여할 것이라고 여기기 때문입니다.

2023년 기준, 설립 순서별로 서울대, 카이스트, 고려대, 서울과기대, 경북대, 부산대에 다양성 위원회가 개설되었습니다. 이 대학들은 2023년 '대학 다양성 협의회'를 만들어 운영하고 있으며, 대학별로 다양성 보고서를 발간하는 등 다양성 확산에 힘쓰고 있습니다. 이들 대학의 다양성 보고서를 살펴보면, 다양성을 '성별, 국적, 신체적 조건, 경제적 조건, 사회적 조건, 신념, 사상, 가치관, 행동 양식, 종교, 문화 등의 차이를 인정하고 존중하는 가치관'으로 정의하고 교수, 직원, 학부생, 대학원생 등 구성원의 집단별에서 여성의 비율, 장애인 비율, 외국인 비율, 다른 학교 학부 출신의 비율을 조사하고 발표하고 있습니다. 이를 통해 어떻게 하면 더욱 다양한 구성원이 함께할 수 있을지에 대한 고민도 보여주고 있습니다.

다양성 확산을 위한
조건과 노력

기본권 보장이 우선

다양성이 창의력 향상으로 이어지려면 우선 인지적 다양성Cognitive Diversity이 높아야 한다고 합니다. 다양하게 생각할 수 있는 방식과 능력이 갖추어져야 한다는 거지요. 그렇다면 다양하게 생각하는 방식은 어떻게 배울 수 있을까요? 그런 능력은 어떻게 해야 얻을 수 있죠? 바로 '정체성의 다양성 보장'이 우선 필요합니다.

어떤 조직이 성, 인종, 종교, 사회적 지위, 배경 등에서 다양한 구성원으로 이루어져 있다고 하더라도 그 사람들이 온전히 자신의 정체성과 생각을 드러내지 못한다면 아무런 소용이 없습니다. 실제로 우리 사회는 이미 매우 다양한 구성원으로 이루어져 있지만 다양성이 일상 곳곳에서 보장받진 못하고 있어요. 다른 정체성과 의견을 드러낼 경우 불이익을 주거나 차별을 받을 수 있는 분위기나 제도가 있기 때문입니다.

따라서 다양성을 확산하려면 기본적인 권리 보장이 우선되어야 합니다. 이것이 선행되지 않고 말로만 다양성을 보장하자는 것은 헛된 구호에 불과해요. 다양성 확산을 위해서는 자유롭고 안전하게 정체성을 표현할 수 있는 기본적인 권리 보장이 반드시 선행되어야 합니다.

동기부여와 자발성 필요

또한 사회 구성원 간에 더 활발하고 다양한 소통과 교류가 이루어져야 합니다. 하버드대학교 사회학과 프랭크 도빈Frank Dobbin 교수와 텔아비브 대학교의 사회학 및 인류학과 알렉산드라 칼레브Alexndra Kalev 교수가 〈하버드 비즈니스 리뷰〉에 발표한 미국의 기업 내 인적 다양성에 대한 조사 결과에 따르면, 미국 상업은행에서 히스패닉계 관리자는 2003년 4.7%에서 2014년 5.7%로 소폭 증가했지만, 백인 여성은 39%에서 35%로 감소했으며, 흑인 남성은 2.5%에서 2.3%로 오히려 떨어졌다고 합니다. 종업원이 100명 이상인 미국 내 모든 기업 중에 경영진이 흑인 남성의 비율은 1985년 3%였는데, 30년 이 지난 2014년에도 겨우 3.3%에 불과하다고 밝혔습니다.[66]

더욱이 이번 조사에서 주목할 점은 많은 기업이 다양성 교육을 시행하고 있지만 결과적으로는 조직 내 다양성이 증가하고 있지 않거나 오히려 역효과를 보이는 곳이 많다는 거예요. 의무적인 다양성 프로그램 참여와 관리자의 행동을 통제하는 징벌적인 방식만으로는 실제 다양성 증가에 한계가 있다는 것이죠. 프랭크 도빈 교수는 이번 연구 결과를 통해, '자발적 훈련 참여 독려', '자율적인 팀 운영', '더 다양한 소수 집단과의 교류 활성화' 등을 통해 접촉을 늘리는 방식이 결과적으로 조직 내 다양성을 실제로 증가시켰다면서 다양성을 증진하려면 의무적 또는 징벌적 방식보다 자발적으로 일할 수 있도록 동기부여를 하는 것이 더욱 중요하다는 점을 강조하고 있습니다.

대한민국의 다문화 수용도

여성가족부에서 실시하는 '국민 다문화 수용성 조사'에서도 이와 비슷한 내용을 살펴볼 수 있습니다. 2012년 시작되어 3년마다 진행되는 이 조사는 한국 국민의 다문화 수용성의 변화와 요인을 분석하고 있는데요. 2021년 조사에 따르면 한국 성인의 다문화 수용성은 52.27점이고, 청소년은 71.39점으로 나타났습니다. 청소년의 다문화 수용성이 성인보다는 높은 것이 보이죠?

또한 3년마다 실시된 다문화 수용성의 변화를 살펴보면, 성인은 지속해서 다문화 수용성이 떨어지고 청소년은 반대로 증가하고 있어요. 한국 청소년과 성인 간의 다문화 수용성의 격차 또한 시간이 지나면서 벌어지고 있다는 것을 확인할 수 있습니다.

성인과 청소년의 다문화 수용성 변화 [67]

구분	2015	2018	2021
성인	53.95	52.81	52.27
청소년	67.63	71.22	71.39

성인과 청소년의 다문화 수용성의 격차를 전문가들은 두 가지 요인으로 해석하고 있습니다.

첫째는 다문화 교육이에요. 다문화 교육의 질과 양에 대한 문제 제기는 늘 있었지만, 지속해서 교육받는 집단과 그렇지 않은 집단 간에 격차가 발생하고 있다는 거지요.

둘째는 이주민과의 접촉 빈도와 질적인 측면이에요. 2023년 기준으로 한국에는 해외에서 온 이주민이 250만 명이나 되지만, 성인은 일상에서 대화를 나눌 수 있을 만큼의 관계로 이주민을 만나는 경우가 생각보다 많지 않아요. 그러나 청소년은 학급 친구로 이주 배경을 가진 급우를 만나고 있어 자연스럽게 접촉이 이루어지는 것이지요. 당연한 내용이지만, 같은 조사의 2018년 결과를 보면[68] 청소년과 성인 모두 친척, 친구, 직장동료 등 이주민과 밀접한 관계를 맺을수록 다문화 수용성이 더 높게 나타났습니다.

자주 보고 느끼다 보면

조사 결과에서 알 수 있듯 실질적인 다양성 증진을 위해서는 보다 자발적이고 자율적인 방식의 다양성 프로그램 운영과 지속적인 인식 개선 활동이 이루어져야 합니다. 다시 말해 다양한 사회 구성원 간에 더 밀도 있는 만남의 기회를 자주 제공하면, 평소의 선입견과 편견을 해소하고 이해의 폭을 넓힐 수 있습니다. 모두가 같은 공동체의 구성원이라는 점을 자연스럽게 수용하도록 하는 것이지요.

잘못된 정보로 굳어진 편견과 선입견을 깨는 가장 좋은 방법은 직접 만나 교류하는 것입니다. 또한 지속적인 교육 기회를 제공하는 것도 중요합니다. 문화다양성 교육은 물론이고 다문화 교육, 세계시민 교육, 민주시민 교육도 다양성과 깊은 관련이 있습니다. 교육의 형태도 강의식뿐만 아니라 축제, 영화제, 캠프, 스포츠 활동, 각종 취미 동아리 등 자연스럽게 교류할 수 있는 만남의 기회를 제공하는 것이 좋습니다. 그리고 서로의 만남이 밀접하고 빈번해질 수 있도록 지속적인 지원과 제도의 보완이 필요합니다.

이와 더불어 우리 주변을 둘러싼 미디어 환경에서 다양성을 구현하고 다양한 정체성을 자연스럽게 접할 수 있도록 환경을 만들어 나가는 것도 중요합니다. 주류 미디어에 상대적으로 잘 드러나지 않는 소수자들의 목소리와 모습이 많이 나타날 수 있도록 하고, 불필요하게 희화화되거나 부정적인 역할로 표현되는 등 사회적 소수자가 부정적인 시각으로 묘사되거나 노출되는 것 또한 적극적으로 교정해야 합니다.

다양성에 대한 감수성이 높아진다는 것은 낯선 것에 익숙해지는 과정일 수 있습니다. 다양하다는 것은 당연히 본질적인 것이며 우리가 다양성을 이야기하기 이전에도 존재해 왔지만, 앞서 살펴본 여러 이유로 우리 사회 안에서 다양성은 심하게 억눌리고 왜곡되어 왔습니다. 단발성의 프로그램과 활동으로 갑자기 다양성이 증진되지는 않습니다. 시간을 들여 자주 보고 느끼고, 주의 깊게 주변을 살피며, 꾸준한 활동을 통해 우리의 일상에서 다양성이 자연스럽게 확산할 수 있도록 해야 합니다.

미디어의 노력

다양성 확산에 중요한 방식 중 하나는 소수성이 감추어지지 않고 일상적으로 드러나게 하는 것입니다. 생활 공간에서 일상적으로 개별적인 정체성을 마주치게 하는 것이 중요하지요.

하지만 한국 사회에서 다양한 정체성은 얼마나 자연스럽게 보이고 있을까요? 아쉽게도 영화, 드라마, 예능, 뉴스 등에서 우리가 가진 다양성과 사회적 소수자는 잘 보이지 않습니다. 때로는 고의로 배제당하고 심지어 원작에서 정해진 역할마저 바뀌는 경우도 있습니다.

미국 할리우드 영화에는 화이트워싱Whitewashing이란 표현이 있습니다. 영화 배역에 동양인이나 흑인의 역할이 있는 경우도 맥락과 관계없이 백인으로 캐릭터를 바꾸거나 그 역할을 백인이 분장해서 연기하는 것이지요. 존재하지만 마치 없는 사람 취급하는 것이에요. 다양성이 증가하려면 교육을 통해 인식을 일깨우거나 감수성을 높이는 것도 필요하지만 우리 주위에 자연스럽게 노출되게 하는 것도 무엇보다 중요합니다. 따라서 미디어에 소수의 정체성이나 사회적 소수자가 등장하는지, 어떻게 구현되는지를 비판적으로 살펴볼 필요가 있습니다.

다행히 최근 미디어에는 이전보다 다양한 사람을 보여주려는 여러 활동이 이어지고 있습니다. 일례로 한국영화감독조합은 2020년부터 '벡델 테스트 7Bechdel Test 7'을 바탕으로 성평등 관점에서 바라본 한국 영화 10편을 발표하고 있습니다. 이에 더해 2022년부터는 영화와 드라마 시리즈도 선정해서 발표하고 있죠. 벡델 테스트는 영화계의 구조적인 성 불평등을 드러내는 지표인데요. 1985년 미국의 여성 만화가인 엘리슨 벡델Alison Bechdel이 영화계에서 남성 중심 영화가 얼마나 많은지를 측정하기 위해 만들었다고 합니다. 지표는 다음과 같습니다.

☐ 이름을 가진 여성이 두 명 이상 나오는가?

☐ 이들이 서로 대화하는가?

☐ 대화 내용에 남자와 관련된 것이 아닌 다른 내용이 있는가?

'벡델 테스트 7'은 기존의 벡델 테스트를 조금 더 보완한

지표입니다. 그 기준은 다음과 같습니다.[69]

- ☐ 영화 속에 이름을 가진 여성 캐릭터가 최소 두 사람 나올 것
- ☐ 1번의 여성 캐릭터들이 서로 대화를 나눌 것
- ☐ 이들의 대화 소재나 주제가 남성 캐릭터에 관한 것만이 아닐 것
- ☐ 감독·제작자·시나리오 작가·촬영감독 중 1명 이상이 여성 영화인일 것
- ☐ 여성 단독 주인공 영화이거나 남성 주인공과 여성 주인공의 역할 비중이 동등할 것
- ☐ 소수자에 대한 혐오와 차별적 시선을 담지 않을 것
- ☐ 여성 캐릭터가 스테레오 타입으로 재현되지 않을 것

2023년에 '벡델데이 2023'에서 선정한 각 10편의 한국 영화와 드라마 시리즈는 다음과 같습니다.

영화 〈같은 속옷을 입는 두 여자〉(정주리), 〈길복순〉(변성희), 〈다음 소희〉(정주리), 〈드림팰리스〉(가성문), 〈성적표의 김민영〉(이재은, 임지선), 〈소울메이트〉(민용근), 〈외계+인 1부〉(최동훈), 〈유령〉(이해영), 〈정이〉(연상호), 〈정직한 후보 2〉(장유정)

드라마 시리즈 〈글리치〉(노덕), 〈더 글로리〉(안길호), 〈마당이 있

는집〉(정지현), 〈박하경 여행기〉(이종필), 〈사랑의 이해〉(조영민), 〈슈룹〉(김형식), 〈어쩌다 마주친, 그대〉(강수연), 〈이상한 변호사 우영우〉(유인식), 〈작은 아씨들〉(김희원), 〈퀸메이커〉(오진석)

영화와 드라마는 사람들의 인식에 정말 많은 영향을 미칩니다. 따라서 다양성 구현 노력과 소수자에 대한 혐오와 차별을 담지 않으려는 시도가 반드시 지속되어야 합니다. 영화와 드라마를 함께 즐기면서도 다양성의 관점이 얼마나 포함되고 잘 지켜지고 있는지 살펴보는 시선이 필요하겠습니다.

위기의 순간에 빛나는
시민의 힘

난세에 영웅이 나온다고 했던가요? 위기의 상황에서 모두를 구할 영웅이 나오듯이 차별과 혐오가 더욱 기승을 부리면 부릴수록 한국 사회 곳곳에서는 자신의 역할을 수행하며 모두가 평등하고 평화로운 공존의 세상을 만드는 사람이 있습니다. 위기의 순간 시민들이 서로 간에 신뢰를 쌓게 하고 서로가 서로에게 힘이 될 수 있다는 것을 증명한 이들입니다.

코로나19와 깨어있는 시민의 힘

코로나19 팬데믹 초기, 중국에서 많은 교민이 들어오기 시작했고, 이들을 일정 기간 격리하여 수용할 공간이 필요했습니다. 하지만 이들을 특정 지역에 수용하고자 하자 그 지역 주민들이 반발했어요. 이때만 해도 코로나19가 전염성이 매우 강하고 치료제가 없으며 치사율이 높다고 알려진 상황이라 사람들의 혼란과 공포가 극에 달했죠.

하지만 곧 지역 여러 시민을 중심으로 위기 상황에서는 더욱더 서로를 보듬어야 한다는 성숙한 시민의식을 보여주었습니다. 이들을 수용하는 장소 앞에 지역 주민들은 환영의 플래카드를 내걸고, 코로나19 탓에 어렵게 꾸린 삶의 터전을 떠나 돌아온 이들을 따뜻하게 맞아주어요. 혹시 지역 주민들이 반발할까 두려워했던 교민들은 매우 안도하고 고마워했지요.

처음 코로나 환자가 많이 발생했던 대구에서는 의료 인력이 많이 부족했습니다. 이에 많은 의료진이 자원해서 대구로 찾아왔죠. 많은 시민이 코로나19 감염자의 접촉자로 집에 격리되자 이웃들은 격리된 사람들의 문 앞으로 식료품을 배달해 주기도 했어요. 대구와 정치적으로 대척점에 있었던 광주광역시는 대구의 어려움을 함께하겠다면서 대구의 확진자를 수용할 병상을 제공하겠다고 먼저 손을 내밀었습니다.

어느 지역을 가릴 것 없이 정말 많은 도움의 손길이 이어졌어요. 상대적으로 마스크를 구하기 어려운 이웃들을 찾아

다니며 마스크를 나누는 일이 전국 곳곳에서 벌어졌고, 특히 나 여러 지원에서 소외당해 왔던 이주민들을 위해 마스크 기부와 나눔이 계속해서 이어졌습니다. 시민의 자발적 노력으로 위기 상황을 헤쳐 나간 것이지요.

정부 정책을 바꾸는 시민의 힘

코로나 위기로 더욱 가시화된 혐오와 차별에 시민들은 특정 지역, 종교, 소수 정체성에 대한 배제와 차별에 대한 우려와 자성의 목소리를 내기 시작했습니다. 특정 지역이나 사람

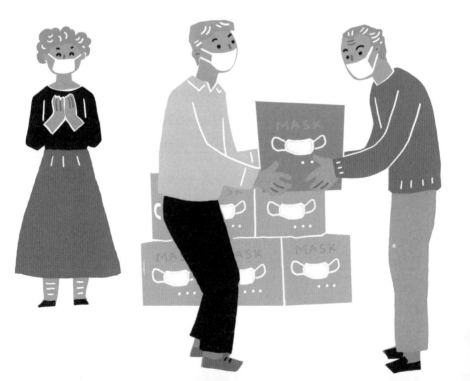

들에 대한 혐오와 차별이 벌어지면, 많은 시민이 잘못을 지적해서 배제나 차별이 벌어지지 않도록 했어요. 이러한 시민의식은 이태원에서의 코로나 확산과 관련해서도 발현되었습니다. 성소수자에 대한 근거 없는 가짜 뉴스와 혐오가 번지자 이에 대한 문제 제기가 이어지고 이를 바로잡으려는 노력이 이어지기도 했죠.

위기 상황에서 방역 등 시민의 의무를 똑같이 다하고 있는 이주민과 난민에 대한 재난 지원금 배제 문제가 공론화되었을 때도 마찬가지였습니다. 시민의식의 발현은 역으로 정부와 지자체의 변화를 끌어내기도 했죠. 경기도 부천시와 안산시는 이주민에게 재난 지원금을 주었고, 서울시는 국가인권위원회의 결정[70] 이후 외국인 주민에게도 재난 지원금을 주

기로 결정했습니다.[71]

코로나19 팬데믹 시기, 아동과 청소년들은 학교에 나오지 못하고 집에서 비대면으로 학습해야만 했습니다. 이에 정부는 이를 지원하기 위해 '아동 양육 한시 지원금' 지급하기로 했어요. 하지만 이번에도 대한민국 국적을 가진 학생만 대상이 되었습니다. 같은 학교, 같은 반에서 공부하는 학생이었지만 누구에게는 지원이 되고 누구는 되지 않는 상황이 생긴 거죠.[72] 이런 결정에 일선의 학교 선생님들은 당황하고 분노했습니다. 선생님들은 모든 사람에게는 똑같은 인권이 있으며, 누구도 차별받으면 안 된다고 가르쳐 왔어요. 그런데 정작 재난과 위기의 순간이 오자 같은 학급에서 함께 공부하는 아이 중에 누구는 지원이 되고 누구는 안 되는지를 갈라야 했던 거니까요.

전국의 학교 선생님들이 이 결정에 크게 반발해 각 지역 교육청과 교육부를 비롯한 정부에 의견을 내고 항의하기 시작했습니다. 이들은 어떤 아동도 차별받지 않는 지원금 지급을 요구했지요. 이 과정에서 최초로 이 문제를 공론화하고 문제 개선에 앞장섰던 곳은 구로 지역에서 다문화 교육과 문화 다양성 활동에 앞장서고 있던 선생님들과 교육공동체 모임이었습니다. 이들은 서울특별시교육청에 전달한 성명서에서 누구도 차별하지 않는 교육이 될 수 있도록, 차별 없이 지원금을 지급하라고 요구했어요.

서울시교육청은 차별의 교육을 중단하라!

(…) 남부 3구에 사는 우리들은 내국인 외국인의 구분보다는 인간으로서의 존엄의 가치와 평화로운 삶을 위한 공존의 자세를 교육하고자 노력해 왔다. 차별적 언어와 혐오 표현으로 행여 누구라도 다치지 않도록 평화의 교육, 세계 시민교육, 다문화 교육을 진행해 왔다. 통합교육을 위한 고민. 이주 배경으로 인한 상처가 생기지 않도록 하는 심리 정서적 지원 방안, 온라인이라서 '혹 교육에 뒤처지지 않을까 그러면 더 적응하기 어렵지 않을까 하는 고민 속에 방문 교육도 진행해 온 노력, 생할 속의 고민을 함께 풀어보는 모든 통합적 시도가 무색해지고 있다. (…)

서울시교육청이 진정 공존과 상생의 교육을 꿈꾸고 외국인 학생의 많은 지역과 동반성장을 하고자 한다면, 모두에게 차별 없는 지원을 해야 한다. (…) 모든 학생을 대상으로 한 지원 정책으로 조속히 시정하여 제대로 된 '공존과 상생의 교육에 다가서도록 하라.

우리의 요구

1. '아동 양육 한시 지원' 대상에서 외국 국적 학생들을 제외한 내용을 철회하여 차별 교육을 시정하라.

2. 이후 그 어떤 행정상 업무에서도 차별이 없도록 행정 담당자들에게 인권 감수성 교육을 실시하라.

- 다문화 교육을 연구하는 각색교사모임, 구로 지역 다문화 교육을 고민하는 각색모임. 구로교육연대회의, 전교조 중등남부지회

빗발치는 요구에 서울특별시교육청을 비롯한 교육 당국에서도 누구도 차별받지 않아야 한다는 입장을 발표했습니다. 그 결과 각 지역교육청에서는 자체 예산을 들여 차별 없이 모든 학생에게 지원금을 주기로 결정했어요. 많은 사람이 이 결정에 대해 100번의 다문화 교육이나 다양성 교육보다 더 훌륭한 교육이라고 말했습니다. 말로만 하는 교육이 아니라 실제로 재난과 위기 속에서 누구도 차별받지 않아야 한다는 것을 보여주었기 때문입니다.

이와 같은 예에서 보듯이, 재난과 위기의 순간에 벌어지는 차별과 배제 그로 인한 상처는 정부의 더 강력한 행정력으로만 예방되거나 치유될 수 있는 것이 아닙니다. 다양성을 존중하고 차별에 맞서는 적극적인 시민의 역할이 함께 필요합니다.

다 함께 행복하고 평화로운 사회로 가는 길

한국 사회에서 대다수의 시민은 코로나19의 위기에서 평상시라면 하지 못했을 경험을 했습니다. 재난과 위기에서 사회적 낙인과 이로 인한 차별과 배제의 경험은 이를 당한 사람에게는 심리적인 위축과 공포를 남겼지요. 나의 행동에 상관없이 자신의 권리가 제한당하거나 혐오와 차별의 대상이 될 수 있다는 것을 느끼게 된 것입니다.

이런 공포는 피해자에게는 정신적인 피해를 동반한 복합적인 삶의 고통을 남겼습니다. 이를 지켜본 사람들에게는 위기 상황에서 누군가에 대한 배제를 정당화하고 공식화한 아픈 경험을 남겼지요. 결국 사회적 재난을 겪은 모두가 상처를 입은 것입니다.

하지만 우리는 다양성을 확산함으로써 재난과 위기의 상처로부터 회복할 수 있습니다. 우리는 인권이 지켜지고, 다양한 배경과 정체성이 온전히 존중되며, 각자의 다름을 자유롭게 표현할 수 있는 사회로 나아가야 합니다. 누구나 차별의 대상이 될 수 있다는 이 집단적 경험을 사회 전반에 깔린 혐오와 차별의 문제 개선과 다양성 증진으로 이어 나가야 합니다. 이를 위해서는 개인의 성찰이나 노력뿐만 아니라 사회 전체 구성원 모두가 함께하는 논의와 성찰이 필요합니다.

또 다양한 정체성을 향한 공감 능력 향상, 올바른 정보 제공, 인권 존중, 혐오 차별의 배격은 일시적인 활동이 아니라 지속적이고 다양한 방식으로 이루어져야만 합니다. 더불어 재난과 위기 상황에서도 흔들리지 않도록 제도로서 만들고, 사람들의 마음속에도 단단한 다양성의 장벽을 세워야 합니다. 그래야 코로나19보다 더한 위기 상황이 와도 누구도 소외되지 않고 모두가 안전한 사회가 될 수 있을 것입니다.

나는 누군가에게
얼마나 안전한 사람인가

한국 사회에는 약 5%의 장애인과 5%의 이주민, 그리고 약 1~5%의 성소수자가 있을 것으로 추정한다고 합니다. 일상에서 우리는 사회생활을 통해 수십에서 수백 명의 사람과 만납니다. 그중 일부와는 보다 밀접한 관계를 맺습니다. 확률적으로 본다면 한국 사회에서 살아가는 누구나 자신의 주변에 장애인이나 이주민, 성소수자가 있다는 뜻입니다. 만약 주위에 앞서 언급한 사람들이 없다면, 그건 그 사람이 사회적 소수자에게 안전해 보이는 사람이 아니라는 뜻일 수 있습니다. 그 사람 주변으로 소수자가 다가오지 않거나 만나는 사람 중 소수성이 있는 사람이 자신의 정체성을 드러낼 수 없거나 또는 드러내고 싶지 않다는 뜻일지도 모릅니다.

"나는 누군가에게 얼마나 안전한 사람일까?"

"내가 속한 공간은 모두에게 정말 안전한 공간일까?"

다양성에 관심을 두고 관련한 활동을 하게 된다면, 이 질문을 스스로 해보는 것으로 시작하면 어떨까 합니다. 여기서 안전하다는 의미는 어떤 사람이 자신이 가지는 어떤 소수성을 드러내도 그 사람에 대한 태도가 확연히 달라지거나 특정한 소수성이 있다는 이유로 차별을 받거나 배제당할 위험을 느끼지 않는다는 뜻이에요. 다수의 사람이 자신의 정체성을 마음껏 드러내지 못하는 경우가 많습니다. 앞서 언급한 이주민, 장애인, 성소수자 이외에도 부모님의 직업이나 국적, 자신의 출신지, 사는 곳, 살아온 배경, 학력, 이혼 경력, 출산 여부, 그리고 어떤 병을 앓았던 경험까지 말이죠.

물론 소수성을 가지고 있다고 해서 모든 장소에서 모두에게 차별받는 것은 아닙니다. 소수성은 누군가와 어떤 환경에 있는지에 따라서 차별받는 소수성이 되기도 하고 어떤 차별도 없는 그저 하나의 정체성일 수도 있어요. 그리고 어떤 곳에서는 오히려 매우 귀한 대접을 받을 수도 있지요. 문제는 어떤 공간에서 누군가와 있을 때는 아무렇지도 않은 정체성이 공간과 사람이 바뀌면 차별받는 또는 차별받을 수 있다는 위기를 느끼게 된다는 점입니다.

우리가 속한 장소와 공간이 모두에게 안전하다고 느껴지게 또는 그 정체성에 자긍심을 가지게 할 수 있을까요? 다양성 활동이나 행사를 하다 보면 어느 순간 평소 꺼내놓지 않았던 자신의 정체성에 관해 이야기하는 참여자를 볼 수 있습니다. 다문화 축제를 진행하는 도중 몽골 전통 무예를 흥미롭게 보던 초등학생 무리 중 한 친구가 다른 친구들에게 이렇게 말을 꺼내는 경우도 있었어요.

"애들아, 나는 사실 몽골에서 왔어!"

다양성 워크숍을 하던 도중에도 비슷한 일이 있었어요.

"여러분 사실 저는 성소수자예요. 제가 이 자리에서 제 정체성을 밝히는 것은 이 공간에서는 제가 성소수자라는 얘길 해도 안전할 것 같아서에요."

다양성 가치 확산에 있어서 가장 중요한 것은 내가 속한 공간을 모두에게 안전한 공간으로 만들어 가는 것입니다. 이 과정은 나로부터 시작됩니다. 그러니 내가 누군가에게 얼마나 안전한 사람인지, 내가 안전한 사람임을 얼마나 표현하고 있는지 살펴보았으면 합니다. 그리고 내 주변에 나와 일상적으로 만나는 사람들과 함께해 나가면 좋겠어요. 그래야 내가 속한 공간을 모두에게 안전한 공간으로 만들 수 있습니다.

모두에게 안전한 공간과 디자인

　예전 미국에는 흑인 여행자들이 안전하게 이동할 수 있는 정보를 담은 '그린북'이란 책이 있었습니다. 그린북은 1936년에서 1966년까지 미국 뉴욕시 우체부였던 빅터 휴고 그린Victor Hugo Green이 발행한《The Negro Motorist Green Book》*이란 이름의 책이에요.

　이 책은 흑인과 동양인 등 비 백인에게 차별이 만연했던 시절에 여행이나 낯선 곳으로 이동해야 하는 흑인들을 위해 만들어졌어요. 당시 흑인은 백인이 운영하는 자동차 정비소나 주유소에서 차량을 고치거나 기름을 넣을 수 없는 경우가

●　또는《The Negro Travelers' Green Book》이라고도 합니다.

많았습니다. 음식점이나 숙박업소 등도 백인 전용으로 운영하는 곳이 많았죠. 식당이나 상점을 이용할 수 없는 것은 물론 '흑인과 개 출입 금지'라고 쓰인 곳 앞에서 흑인들은 모멸감을 느끼며 봉변을 당하지 않을까 걱정해야 했죠.

이 책은 흑인이 안전하게 이용할 수 있거나 그나마 친절한 서비스를 받을 수 있는 장소를 기록한 책이에요. 실제로 많은 사람이 이 책을 이용해 여행을 다녔다고 합니다. 인종차별이 극심했던 시절, 흑인들 스스로가 자신의 안전을 지키기 위해 궁여지책으로 만들어 낸 책이죠. 결국 흑인들은 차별과 냉대가 깔린 길 위에서 여행 목적지까지 마치 섬처럼 떠 있는 안전한 공간을 징검다리 넘듯 옮겨 다녀야 했어요. 그린북에 관한 이야기는 영화로 만들어져 2018년 개봉되었고, 아카데미 작품상 등 유수의 영화제에서 많은 상을 받았습니다.

이 영화는 실화를 바탕으로 하고 있어요. 1962년 미국에서 인종차별이 매우 극심하던 시절 흑인 피아니스트 돈 셜리가 2달간 미국 남부로 순회공연을 가게 되는데, 백인인 토니가 운전기사이자 보디가드가 되어 함께 떠나는 여정을 담고 있습니다. 토니는 출발 전에 공연 기획 담당자로부터 그린북 Green Book을 건네받고 셜리를 위해 흑인에게 안전한 장소를 찾아다니죠. 유명 피아니스트인 돈 셜리는 자신의 재능과 유명세에도 불구하고 남부 순회공연 당시 여러 차별을 당해요.

흑인이 저녁 늦게 돌아다닌다는 이유로 경찰에 체포되고, 백인 화장실을 이용할 수 없어서 공연 중 쉬는 시간을 이용해 멀리 떨어진 흑인 이용 가능 화장실에 차를 타고 다녀오기도 하죠. 돈 셜리는 뛰어난 재능으로 피아니스트로서는 사회적으로 크게 인정받았지만, 흑인이라는 이유로 피아니스트이외의 삶에서는 여전히 차별받고 있었던 겁니다. 백인에게 있어 돈 셜리는 그저 조금 더 교양 있는 흑인이었으니까요.

반면 영화에서는 돈 셜리의 다른 고민도 함께 이야기하고 있습니다. 주로 백인 사회에서 어울리며 공연을 하는 돈 셜리를 바라보는 흑인들의 곱지 않은 눈이었죠. 더욱이 영화에서는 돈 셜리가 성소수자임을 암시하는 대목이 등장해요. 흑백을 떠나 차별받는 그의 정체성을 이야기하고 있어요.

"그래 난 성에 살아 토니! 혼자서! 돈 많은 백인이 피아노 치라고 돈을 주지. 문화인 기분 좀 내보려고. 하지만 무대에서 내려오는 순간 그 사람들한텐 나도 그냥 깜둥이일 뿐이야. 그런데 내 사람들도 날 거부하거든. 자신들과 다르다면서. 충분히 백인답지도 않고 충분히 흑인답지도 않고 충분히 남자답지도 않으면 도대체 난 뭐지?"

그린북의 장소들은 흑인에겐 안전한 공간이었지만, 복합적인 정체성과 개별성을 가진 모두에게 안전한 공간은 아니었죠. 돈 셜리라는 사람에게 언제나 안전한 공간이란 사실상 처음부터 없었던 거예요.

모두에게 안전한 공간을 만든다는 것은 누군가를 위한 어떤 특별한 공간을 만드는 것이 아닙니다. 모두가 언제나 어떤 모습을 가지고 있든지 쫓겨나거나 배제되거나 차별당할 걱정이 없는 공간을 만들어야 한다는 것을 의미해요. 어린이들을 받지 않겠다는 '노키즈존'을 없애자는 것은 아이들만을 위한 것이 아니라 '노시니어존'이나 '외국인 출입 금지'처럼 특정한 사람을 배제하는 공간을 없애 모두가 안전한 공간을 만들자는 뜻입니다. 다양성은 어떤 특별한 누군가를 위한 개념이 아니라 모두의 안전과 행복을 위한 가치니까요.

다행히 함께 일하고 생활하는 공간을 보다 '안전'한 환경과 분위기로 만들기 위해 다양한 노력이 이루어지고 있어요. 그중 하나가 사용하는 '언어' 또는 '표현 방식'에 관한 것입니다. 현재 쓰고 있는 언어 중 자신도 모르게 누군가를 차별하고 혐오하는 마음을 담은 단어나 표현을 쓰지 않게 된다면 모두를 위한 환경을 만들 수 있을 겁니다. 이와 관련해서 다양한 기관과 단체에서 보다 평등한 언어 사용을 독려하거나 관련한 예시를 만들어 배포하고 있어요.

예를 들어 여자대학생이란 뜻의 '여대생'이란 단어는 쓰지만 '남대생'이란 표현은 쓰지 않지요? 여의사, 여배우, 여직원, 여교수, 여류작가처럼 직업 등에서 굳이 붙이지 않아도 되는 불필요한 단어들을 빼고 의사, 배우, 대학생으로 부르자는 것입니다. 앞서 이야기했던 혐오 표현을 쓰지 않기 위해 노력하는 것도 중요해요. 예를 들면 체류 기간이 지나 체류하는 외국인을 '불법 체류자'가 아니라 '미등록 체류자'나 '미등록 외국인'이라고 부르는 것입니다. 사람이 불법일 수 없기 때문이죠. 상대에게 '~충'을 붙여 비하해 부르는 말도 그 대상에게는 큰 고통을 줍니다. 이는 서로를 갈등하고 반목하게 만들며 함께 사는 공간에서 누구도 안전함을 느끼지 못하게 하므로 쓰지 말아야 할 것입니다.

모두를 위한 디자인

모두를 위한 디자인Universal Design(유니버설 디자인)은 이름 그대로 모든 사람이 평등하게 함께할 수 있는 디자인을 말합니다. 장애인이 이동할 수 있는 통로를 만들거나 장애인 화장실을 만드는 것뿐만이 아니에요. 예를 들어 박물관이나 전시회라면 키가 작아 관람이 어려운 어린이 또는 관람객을 위해 전시 높이를 조정하거나 보다 잘 볼 수 있는 장치를 마련하는 것도 이에 포함됩니다. 시력이 약한 사람들을 위해 글자 크기를 키워 더 많은 사람이 함께 읽을 수 있게 하는 것도 필요합니다.

엘리베이터에서도 모두를 위한 디자인을 찾아볼 수 있습니다. 필요한 조작 버튼이 낮은 위치에 하나 더 설치되어 있거나 모두가 손이 닿을 수 있는 위치에 설치된 경우가 그러하죠. 이미 설치되어 있어서 어려운 곳이라면 발 받침대를 마련해 놓은 곳도 많이 찾아볼 수 있습니다.

예전에 흔히 볼 수 있던 둥그런 원형 문손잡이가 일자형 문손잡이로 바뀐 것도 마찬가지 이유입니다. 원형 손잡이를 돌리려면 더 많은 힘이 들어가기 때문에 힘이 약한 사람도 쉽게 열 수 있도록 일자형으로 바뀐 것이죠. 빨대에도 변화가 생겼어요. 이전에는 일자형 빨대만 있었다면, 이제는 구부러진 빨대도 많이 사용됩니다. 어린이, 노약자, 장애인이 더 쉽게 빨대를 이용할 수 있도록 한 거예요. 즉 모두가 더 쉽게 이용할 수 있도록 바뀐 거죠. 가장 불편한 사람을 기준으로 만들면 모두가 이용할 수 있어요.

모두를 위한 디자인은 제품이나 시설을 바꾸는 것에 그치지 않고 여러 방향으로 더욱 확대되고 있습니다. 특히 모두가 쉽게 필요한 정보에 접근할 수 있도록 '정보접근성'에 적용되고 있는데요. '누구나 이해하기 쉬운 언어로 되어 있는가?', '누구나 접근할 수 있는 방식을 취하고 있는가?' 등의 기준을 갖추어야 하죠. 2023년 부산항만공사는 채용 공고를 할 때 기존에 내던 공식 공고문 이외에 추가로 쉬운 말 공고문을 만들었습니다. 공고문을 조금 더 많은 사람이 이해하기 쉽도록 글을 고친 거라고 합니다.

부산항만공사, 기간제 직원(장애인) 쉬운 말 공고문[73]

부산항만공사에서 함께 일하고 싶은 분들을 찾고 있습니다.

남자도 여자도 모두 지원 가능합니다.

어떻게 생겼는지, 키가 작은지 큰지는 중요하지 않습니다.

(…)

이만큼 선발하고, 이런 자격을 가지고 있어야 합니다.

가. 부산항만공사에서 같이 일할 분들은 4명입니다.

모집 분야			직급	인원	하는 일
신입	기능	바리스타	7급 상당	4명	커피 주문을 받습니다. 커피를 만듭니다. 만든 커피를 직원에게 전달합니다.

부산항만공사의 쉬운 말 공고문은 공공기관 중에서는 매우 이례적인 시도로 주목받고 응원받았습니다. 첫 시도가 있어야 다음 시도도 있을 수 있으니까요. 계속해서 다양한 시

도를 통해서 보다 나은 방식을 함께 고민해 나갔으면 합니다.

또 다른 예로, 2023년 미국 국무부에서는 지금까지 사용하던 모든 공문서의 글꼴을 '타임스류로먼Times New Roman'에서 '캘리브리Calibri'로 바꾼 것을 들 수 있습니다. 이 결정은 미국 국무부의 다양성 및 포용성 담당 부서의 권고에 따른 것인데요. 바뀐 글꼴이 시각장애인 등이 직접 읽거나 이들이 사용하는 컴퓨터 인식 프로그램 판독에 보다 나은 결과로 나오기 때문이라고 합니다.

다양성 확산을 위한
일상에서의 작은 실천

한 가지 약속

유네스코의 'Do One Thing' 캠페인은 한국에서도 2015년 부천문화재단을 시작으로 전국으로 확산해 온 캠페인입니다. 일상에서 다양성과 관련한 작은 실천 약속을 하고 이를 지켜나가는 거지요. 예를 들어 이번 달에는 다양성과 관련된 책을 보거나 음악을 찾아 듣거나 관련된 영화를 보겠다고 약속하는 방식입니다. 실천 약속을 함께 정해 일정 기간 후 경험을 공유하고 다시 다른 방식을 실천해 보는 식으로 확산해 나갈 수 있어요. 일상에서 내가 실천할 수 있는 가장 쉬운 방식부터 하나씩 해보는 것입니다.

이때 중요한 원칙 중 하나는 '다양성을 너의 문제가 아니라 나의 문제로 바라보기'입니다. 다양성이 나와는 상관없는 어떤 소수자를 지원하기 위한 개념이 아니라 나를 위한, 그리고 모두를 위해 꼭 필요한 가치라는 생각을 가지는 게 중요합니다. 앞서 살핀 것처럼 다양성이 인류 모두의 행복과 생존, 풍요로운 삶에 필요한 개념이라는 점을 늘 염두에 두어야 합니다.

구조와 절차 마련하기

'구조와 절차 마련하기'도 좋은 방법입니다. 어떤 활동을 기획하거나 운영할 때 몇 가지 질문을 미리 정해놓고 점검해 보는 과정이 필요해요. 평소 생각하고 있던 내용이라도 실제 활동에 들어가 바쁘게 움직이다 보면 놓치는 부분이 나올 수 있습니다. 이런 과정은 혼자보다는 함께하는 사람과 약속을 정하고 실천해 보면 더 좋습니다. 예를 들면 아래와 같은 질문을 함께 만들어 보고 활동을 기획하고 준비하는 과정에서 확인해 보는 것입니다.

☑ **활동 준비 체크리스트**

☐ 다양한 의견이 반영되고 있나요?

☐ 필요한 모든 사람에게 적절한 정보가 전달되고 있나요?

☐ 함께 즐길 수 있는 방식으로 운영되고 있나요?

☐ 홍보물이나 광고는 잘못된 편견이나 고정관념을 확산할 우려
가 없나요?

☐ 너무 익숙한 방식과 장소 말고 재미난 새로운 시도를 넣어볼 수
있을까요?

이런 몇 가지 질문부터 시작해서 조금씩 더 구체화해 나갈
수 있습니다. 그리고 평가의 과정을 통해 부족한 부분을 보
완해 나가면 되겠습니다.

다양한 의견과 사람 보장하기

'다양한 의견과 사람 보장하기'는 각자가 속한 조직과 공
동체 안에서 다양한 의견이 표현될 수 있는 절차나 구조를
만드는 것입니다. 다양성과 민주주의는 매우 밀접한 관련이
있습니다. 민주주의에서 다양한 구성원의 의견이 잘 반영되
는 것이 중요한 것처럼 다양성 구현을 위해서도 마찬가지입

니다. 사적인 모임은 물론 주민자치 위원회, 학교운영위원회, 각종 사회 위원회, 지방자치단체 의회, 국회 등 의견을 모으고 중요한 결정을 나누는 곳에는 늘 다양한 사람이 함께하고 의견을 반영하는 구조가 필요합니다. 국회나 정부의 주요 직책에 여성이나 청년, 소수민족이나 인종의 비율은 그 나라의 평등성을 반영하는 지표로 사용하기도 하지요.

그러므로 우선은 내가 속한 곳의 인적 구성이 다양한 구성원의 입장을 반영할 수 있는지를 살펴보아야 합니다. 그리고 다양한 정체성을 가진 사람이 자신의 개별성을 자신 있게 드러내고 표현할 수 있도록 필요한 구조와 환경을 만들어 나가야 합니다.

우리가 꿈꾸는 다양성의 세상

최근 들어 영화나 TV 드라마 등에서 그동안 자주 볼 수 없었던 사회적 소수자들이 등장하는 경우를 볼 수 있습니다. 2020년 방영되었던 드라마 〈이태원 클라스〉는 많은 시청자의 사랑을 받았어요. 이 드라마에는 사회적 소수자가 여럿 등장해요. 주인공 박새로이(박서준)은 중졸의 전과자이고, 김토니(크리스 라이언)는 이주 배경 청소년, 마현이(이주영)는 성소수자예요. 드라마에서는 이들의 소수성이 비틀어지거나 우스꽝스럽게 묘사되는 것이 아니라 그저 또 다른 성장 배경과 정체성을 가진 사람들, 누구나 가지고 있는 아픔을 가진 사람들로 등장합니다. 드라마의 전개 과정에서는 이들의 소수성과 관련된 사회적 갈등을 주로 다루지는 않습니다. 오히려 전형적인 성공 스토리로 진행되지요. 주인공이 동료들과 합심해 어려움을 헤쳐 나가고 결국에는 사회적 성공과 아버지의 복수까지 이룬다는 내용이죠.

그동안 미디어에서 감춰져 있던 이런 소수자와 소수 정체성이 주류 미디어에 등장하기 시작한 것은 서구사회에서 훨씬 먼저 시작되었습니다. 디즈니의 애니메이션에서 늘 왕자님을 기다리기만 하던 공주는 더 이상 등장하지 않습니다. 보다 진취적이고 독립적인 여성이 주인공으로 등장하죠. 대표적인 SF 시리즈인 〈스타워즈〉의 주인공인 제다이 역할도 여성과 흑인으로 바뀌었고, 새로운 시리즈에는 한국 배우가 제다이로 등장합니다. 이제 주류 미디어도 사회의 실제 모습을 제대로 반영하고 있습니다.

하지만 최근의 도드라진 성과에도 불구하고 이 모든 변화를 온전히 그대로 보고만 있을 수 없는 일이

있었습니다.

1999년 한국에서 나이지리아계 부모 사이에서 태어난 마크(가명)는 2017년 18세의 나이에 청주 외국인보호소에 20명의 성인과 함께 비좁은 방에 수용되었습니다. 체류비자가 없던 마크의 아버지는 마크가 어릴 적 법무부의 단속으로 한국에서 추방되었습니다.

마크는 어머니 그리고 동생과 함께 체류비자 없이 한국에서 줄곧 살았습니다. 한국에서 초등학교부터 고등학교까지 졸업했어요. 졸업 후에는 공장에 취직해서 가족의 생계를 도왔죠. 그러던 어느 날 법무부 단속에 적발되었고 외국인보호소로 보내져 수용된 거예요. 이 사실을 알게 된 마크의 친구들과 마크가 다녔던 학교의 선생님 등 지인들은 탄원서를 제출했습니다. 마크는 일시적으로 외국인보호소를 나온 상태로 법원의 재판을 받게 되었죠.

법원은 마크가 '나이지리아에 가본 적이 없고', '그 나라의 언어를 할 수도 없는 상황', '오히려 한국에서 교육을 받고 생활하며 한국어가 본인의 제1 언어라는 점', 그리고 '모든 사회적 네트워크가 한국에 형성되어있다는 점' 등을 판결에서 고려했다고 했습니다. 덧붙여 법원은 마크가 한국에서 고등학교까지 성실히 과정을 마쳤고, 그를 추방하는 것은 한국 사회가 그동안 마크에게 투자한 시간과 비용과 노력을 고려할 때 한국 사회에 사실상 손실이라고도 했습니다. 요약하면 그가 한국에 있는 것이 한국 사회에 더 이득이라고 판결했다는 것이죠.

이에 법무부도 매우 이례적인 경우라는 단서를 달아 영주 비자를 주었어요. 비자 없이 장기 체류 후 영주 비자를 받은 것은 매우 드문 경우로 매우 전향적인 변화였지요. 그러나 그의 체류 허가가 가지는 의미에서 짚어 봐야 할 점이 있어요. 바로 한국이 마크에게 투자한 자원을 고려하면, 그가 한국에 있는 것이 그를 추방하는 것보다 한국에 더 이득이라는 것이 판단의 주요 이유라는 점입니다.

'얼마나 기여하는가'라는 논리는 이 경우에만 사용된 것이 아닙니다. 난민, 결혼이주민, 이주노동자뿐만 아니라 또 다른 사회적 소수자와 약자들의 가치를 판단하고 나누는 기준으로 작동해 왔습니다. 그리고 이런 잣대는 사회적 소수자에게만 해당하는 것도 아니지요.

경쟁력의 잣대로만 사람을 나누어 필요한 사람과 불필요한 사람을 나누는 행위는 사실 사회 구성원 모두에게 그대로 적용될 수밖에 없어요. 국가와 사회에 대한 기여 가능 여부로 구성원의 자격을 판단한다는 것은, 결국 개개인이 얼마나 그 사회에 필요한가를 주류의 기준으로 결정한다는 겁니다. 결국 그 기준에 부합하거나 동조하지 못하는 사람은 분리되거나 배제되고 때로는 추방될 수밖에 없습니다. 그러니 '얼마나 재능과 능력이 있는가'라는 '기여론'에서 벗어나야 합니다. 그래서 모두가 존재 자체로 평등한 권리의 주체 그리고 삶의 주체로서 존중받는 다양성이 빛나는 세상을 만들어야 합니다.

(함께 고민하고 말하고 싶어)

다양성은 창의성의 원천이며 그 가능성이 무한합니다. 세상은 내가 가진 다양성을 통해 더욱 발전해 나갈 것입니다. 우리는 각자가 가진 다양성의 확산과 상호 존중을 통해 더욱 평화롭고 안전하며 풍요로운 세상을 만들 수 있습니다. 이를 위해서는 일상에서의 작은 실천이 필요합니다. 그리고 모든 공동체 구성원이 함께 노력해야 하는 일도 있습니다. 이 모든 일의 첫걸음은 바로 나로부터 시작하는 것입니다.

내가 속한 공간을 모두에게 편안하고 안전한 모두를 위한 장소로 만들어 가야 합니다. 다양성 실현은 차별받은 특정한 누군가만을 위해서 필요한 것이 아닙니다. 바로 나를 포함한 모두를 위한 가치라는 점을 이해할 필요가 있습니다. 각자의 삶의 공간에서부터 작은 실천 노력을 시작해 사회 전체의 변화를 만들어 나갈 수 있습니다.

1 경쟁력의 잣대로만 사람을 나누지 말고 온전한 다양성의 측면에서 사람을 이해하고 존중하려면 어떤 노력이 필요할까요?

2 다양성 확산을 위해 일상에서 할 수 있는 한 가지 작은 실천 약속을 정해 볼까요?

3 우리가 속한 일상의 공간을 모두에게 안전한 곳으로 만들기 위한 활동을 함께 기획해 봅시다.

[국제사회의 약속: 문화다양성 선언과 협약]

국제사회는 문화다양성의 가치를 잘 지키고 더욱 확산할 수 있도록 의견을 모아서 문화다양성에 대한 국제적인 선언과 약속을 만들었습니다. 바로 2001년 유네스코(UNESCO) 총회에서 채택한 '세계 문화다양성 선언(Universal Declaration on Cultural Diversity)'입니다.

이 선언에서 유네스코는 "문화다양성이 인류 모두의 평화와 발전에 매우 중요하며 모두의 문화다양성을 위해 노력해야 한다."고 밝혔습니다. 그리고 2005년 '문화적 표현의 다양성 보호 및 증진 협약(Convention on the Protection and Promotion of the Diversity of Cultural Expressions)'(이하 '문화다양성 협약')을 채택했어요. 한국도 2010년에 110번째로 이 협약을 비준했습니다. 2014년에는 국내법으로「문화다양성의 보호와 증진에 관한 법률」을 만들었습니다. 이 법안의 목적은 "문화적 삶의 질을 향상시키고 문화다양성에 기초한 사회통합과 새로운 문화 창조에 이바지"하는 것입니다.

이 법은 국가의 책무로 "국가와 지방자치단체는 국적 · 민족 · 인종 · 종교 · 언어 · 지역 · 성별 · 세대 등에 따른 문화적 차이를 이유로 문화적 표현과 문화예술 활동의 지원이나 참여에 대해 차별하여서는 아니 된다."라고 명시하고 있습니다. 지방자치단체 차원에서도 앞다투어 문화다양성의 보호와 증진을 위한 조례를 만드는 중이에요. 이처럼 모든 사람이 차별 없이 평화롭게 공존하고 함께 번영하기를 바라는 마음으로 문화다양성을 보호하고 확산하려는 노력이 국내외를 막론하고 이어지고 있습니다. 말로만 그치는 것이 아니라 문화다양성을 국내외 모두 법과 제도로도 보장하여 모두가 함께 살아가는 사회에서 기본적인 원칙으로 삼고 있어요.

세계 문화다양성 선언

많은 전문가가 '세계 문화다양성 선언'과 '문화다양성 협약' 중 문화다양성에 대해 잘 설명하는 것은 '세계 문화다양성 선언'이라고 말합니다. 국제협약은 꼭 지켜야 하는 국제적인 약속으로 법적 구속력이 있습니다. 따라서 협약을 만드는 과정에서 각 나라의 이해관계가 겹치고 얽히게 되지요. 각자의 주장과 이익을 타협의 과정을 통해 모두가 지켜야 하는 협약으로 만들다 보니 '문화다양성 협약'은 문화다양성이 본래 가진 의미와 지향점이 '세계 문화다양성 선언'보다 잘 드러나 있지는 않는다고 해요. 이런 이유로 전문가들은 문화다양성에 대해 잘 이해하려면 '문화다양성 협약'보다는 '세계 문화다양성 선언'을 좀 더 유심히 보아야 한다고 조언하고 있습니다.

'세계 문화다양성 선언'은 서문에 선언의 배경과 기본 이념을 설명하고, 이어진 본문은 '정체성, 다양성, 다원주의', '문화다양성과 인권', '문화다양성과 창의성', '문화다양성과 국제연대' 부분으로 나누었어요. 그리고 이를 지키고 실천해야 하는 총 12개의 원칙(조항)이 있지요. 마지막에는 이러한 원칙을 실행하기 위한 실행계획이 첨부되어 있습니다.

서문에서는 문화다양성이 세계인권선언 등 국제사회의 인권 규약에서 출발한 것이라는 점을 강조하면서 문화다양성이 왜 인류 모두에게 꼭 필요한지에 대해 다음과 같이 설명합니다.

> "문화는 정체성, 사회 단결 및 지식기반경제의 발전에 대한 현행 논의의 핵심을 이루고 있음을 인식하고, 서로 믿고 이해하며 문화다양성, 관용, 대화 및 협력을 존중하는 것이 국제 평화와 안전을 가장 확실하게 보장하는 것임을 확인하며, 문화다양성의 인식, 인류 화합에 대한 자각 및 문화간 교류의 발전을 기반으로 한 연대를 소망하며 (중략) 다음 원칙들을 공포하고 이 선언문을 채택한다."

이어서 본문 중 '정체성, 다양성, 다원주의'를 다루는 부분에서는 주로 문화다양성이 무엇인지, 문화다양성이 인류 모두의 행복과 풍요를 위해 왜 꼭 필요한지에 대해 밝히고 있습니다. '제1조 문화다양성: 인류의 공동 유산', '제2조 문화다양성에서 문화 다원주의로', '제3조 발전을 위한 요소로서의 문화다양성'으로 구성되어 있지요.

'문화다양성과 인권' 부분은 '제4조 문화다양성을 보장하는 인권', '제5조 문화다양성을 위한 환경으로써의 문화권', '제6조 모든 이를 위한 문화다양성'으로 나누어져 문화다양성이 선택사항이 아니라 모든 인간의 존엄성을 지키기 위한 윤리적인 의무임을 밝히고 문화권과 인권이 서로 떨어져 있는 가치가 아니라 상호 의존적인 개념이며 모든 사람을 위한 가치가 되어야 함을 명시하고 있습니다.

이어지는 '문화다양성과 창의성' 부분에서는 창의와 혁신의 근간으로 문화다양성을 기술하며 전통과 문화유산 보존의 필요성 또한 이야기합니다. '제7조 창의성의 원천으로서의 문화유산', '제8조 특정한 유형으로써의 문화 상품과 서비스의 특수성', '제9조 창의성의 촉매로서의 문화정책'으로 구성되어 있어요.

마지막으로 '문화다양성과 국제연대' 부분은 문화다양성의 실현을 위해 전 세계 모든 국가뿐만 아니라 민간과 시민사회가 모두 함께 협력하고 연대해야 한다는 원칙을 제시하고 있습니다. '제10조 세계적 창조와 배포를 위한 역량 강화', '제11조 공공 분야, 민간 분야, 시민 사회와의 협력 강화', '제12조 유네스코의 역할'로 구성되어 있지요. 본문 이후에는 20개 조항의 '유네스코 문화다양성 선언의 실천을 위한 실행계획'이 이 첨부되어 있습니다.

[유네스코 문화다양성 선언]
Universal Declaration on Cultural Diversity[74]

2001년 11월 2일
프랑스 파리 제 31차 유네스코 총회에서 채택

유네스코 총회는

세계인권선언 및 시민권과 정치권 그리고 경제·사회·문화 권리와 관련해 1966년의 두 국제 규약처럼 인권과 기본 자유의 충실한 이행을 촉구하는, 국제 사회가 승인한 다른 국제 규약들을 유념하고,

유네스코 헌장 서문에서 "문화의 광범위한 전파와 정의·자유·평화를 위한 인류 교육은 인간의 존엄에 꼭 필요하며, 또 모든 국가가 상호 지원과 상호 관심의 정신으로 완수해야 할 신성한 의무이다."고 명시한 바를 상기하며,

다른 여러 목적보다 특히, 유네스코는 문자와 이미지에 의한 아이디어의 자유로운 흐름을 촉진하는 데 필요한 국제 협정을 권고하는 유네스코 헌장 제1조도 상기하고,

유네스코가 제정한 국제 규약 중 문화권 실천과 문화다양성에 관련된 규정을 참조하며,

문화는 사회와 사회 구성원의 특유한 정신적·물질적·지적·감성적 특성의 총체로 간주해야 하며, 예술 및 문학 형식뿐 아니라 생활 양식, 함께 사는 방식, 가치 체계, 전통과 신념을 포함한다는 것을 재확인하고,

문화는 정체성, 사회 단결 및 지식기반경제의 발전에 대한 현행 논의의 핵심을 이루고 있음을 인식하고,

서로 믿고 이해하며 문화다양성, 관용, 대화 및 협력을 존중하는 것이 국제 평화와 안전을 가장 확실하게 보장하는 것임을 확인하며,

문화다양성의 인식, 인류 화합에 대한 자각 및 문화 간 교류의 발전을 기반으로 한 연대를 소망하며,

새로운 정보통신기술의 급속한 발전에 힘입은 세계화 과정이 문화다양성에 대한 도전이기는 하지만, 문화와 문명간의 새로운 대화를 위한 조건을 형성한다는 것을 고려하고,

유엔 체제 중에서 유네스코에 부여된, 문화다양성을 알차게 하고 진흥하며 보조할 특별한 임무를 인식해,

다음 원칙들을 공포하고, 이 선언문을 채택한다.

정체성, 다양성 그리고 다원주의

제1조 문화다양성: 인류의 공동 유산
문화는 시공간에 여러 형태로 나타난다. 이 다양성은 인류를 구성하는 집단과 사회의 정체성과 독창성을 구현한다. 생태 다양성이 자연에 필요한 것처럼 교류·혁신·창조성의 근원으로서 문화다양성은 인류에게 필요한 것이다. 이러한 의미에서, 문화다양성은 인류의 공동 유산이며 현재와 미래 세대를 위한 혜택으로써 인식하고 확인해야 한다.

제2조 문화다양성에서 문화 다원주의로
점점 다양해지는 우리 사회에서는, 함께 살려는 의지와 더불어 다원적이고 다양하며, 역동적인 문화 정체성을 지닌 사람들과 집단의 조화로운 상호 작용을 반드시 보장해야 한다. 모든 시민을 포용하고 모든 시민이 참여할 수 있게 하는 정책은 사회적 단결, 시민 사회의 역동성과 평화를 보장한다. 그러므로, 문화 다원주의는 문화 다양성을 실현하려는 명백한 정책 표현이다. 민주 체계에서 분리할 수 없는 문화 다원주의는 문화 교류와 공공의 삶을 지탱해 주는 창조적인 역량을 풍성하게 하는 데 이바지할 수 있다.

제3조 발전을 위한 요소로서의 문화다양성
문화다양성은 모든 이에게 열려 있는 선택의 범위를 넓혀준다. 발전을 위한 근간 중의 하나인 문화다양성을, 단지 경제 성장의 관점이 아니라 좀 더 충분한 지적·감성적·윤리적·정신적 존재를 위한 수단으로 이해해야 한다.

문화다양성과 인권

제4조 문화다양성을 보장하는 인권

문화다양성을 지키는 것은 윤리적으로 의무이며, 인간 존엄성을 존중하는 것과 뗄 수 없는 것이다. 인권과 기본적인 자유의 실천은 특히, 소수 민족과 원주민들의 권리를 포함한다. 누구도 국제법으로 보장하는 인권을 침해하거나 제한하는 데 문화다양성을 이용해서는 안 된다.

제5조 문화다양성을 위한 환경으로써의 문화권

문화권은 인권을 구성하는 데 뺄 수 없으며, 보편적이고 개인적이며 상호 의존적인 요소이다. 창의적 다양성이 번성하려면 세계인권선언 제27조와 경제·사회·문화 권리에 대한 국제 협약 제13조 및 제15조에 명시된 문화권을 완전하게 실천해야 한다. 모든 이는 자신이 선택한 언어로 특히, 모국어로 자기 작품을 창조하고 배포할 자유를 누릴 수 있어야 하고, 문화다양성을 전적으로 존중하게끔 질 좋은 교육과 훈련을 받아야 한다. 또 인권과 기본 자유를 존중하면서 그 바탕 위에 자신이 선택한 문화적 생활에 참여하고, 문화적 실천할 수 있어야 한다.

제6조 모든 이를 위한 문화다양성

문자와 이미지로 된 아이디어의 자유로운 흐름을 보장하는 동시에, 모든 문화가 자신을 표현하고 알릴 수 있게 하는 조치를 마련해야 한다. 표현의 자유; 매체 다원주의; 다언어주의; 디지털 형식을 포함한 예술과 과학적, 기술적 지식에 대한 동등한 접근; 표현과 배포를 위한 수단에 접근할 수 있는 모든 문화의 가능성은 문화 다양성을 위한 보장이다.

문화다양성과 창의성

제7조 창의성의 원천으로서의 문화유산

창조는 문화적 전통에 의존하는 동시에, 다른 문화와 접촉하면서 풍성해진다. 이를 이유로 모든 유형의 유산을 보존하고 고양하며 인간의 경험과 염원의 기록으로서 미래 세대에게 반드시 전달해야 한다. 이렇게 함으로써 창의성을 진작하고 진정한 문화간 대화를 고무할 수 있을 것이다.

제8조 특정한 유형으로써의 문화 상품과 서비스의 특수성

오늘날 창조와 혁신의 거대한 가능성을 연 경제와 기술의 변화 시기를 맞아; 작가와 예술가의 권리에 대한 적절한 인식; 정체성, 가치, 의미의 척도로서, 단순한 상품이나 소비

재로 취급되어서는 안 되는 문화 상품과 서비스의 특수성에 비춰 창작품 공급의 다양성에 특별한 관심을 기울여야 한다.

제9조 창의성의 촉매로서의 문화정책

사상과 작품의 자유로운 흐름을 보장하는 동시에, 문화정책은 지역과 세계 차원에서 강력한 수단인 문화 산업을 통해서 다양한 상품과 서비스의 생산과 배포에 기여할 수 있는 조건을 마련해 주어야 한다. 각 국가는 국제적인 의무를 지키며, 운영적 지원이든 적절한 규제든 적합한 수단을 통해 문화다양성을 규정하고 실천해야 한다.

문화다양성과 국제연대

제10조 세계적 창조와 배포를 위한 역량 강화

현재 세계 차원에서 문화 상품과 서비스의 교역과 유통의 불균형에 직면해, 모든 국가 특히, 발전도상국과 전환기에 있는 국가들을 대상으로 국제 협력과 연대를 강화해 국내 외적으로 생존력 있고, 경쟁력 있는 문화 산업을 육성할 필요가 있다.

제11조 공공 분야, 민간 분야, 시민 사회와의 협력 강화

지속 가능한 인간 개발에 핵심인 문화다양성의 증진과 보호를 시장 기능만으로는 보장할 수 없다. 이러한 의미에서, 민간 분야와 시민 사회와 협력을 통한 공공 정책을 강조해야 한다.

제12조 유네스코의 역할

유네스코는 회원국에서 받은 위임과 기능으로 다음과 같은 책임 있는 역할을 한다.

(a) 여러 정부 간 기구의 발전 전략에 이 선언문이 표명한 기본 원칙을 적용하도록 촉진한다.

(b) 문화다양성을 위한 개념과 목표, 정책을 마무리하기 위해 정부·국제 정부간·비정부간 기구·시민 사회·민간 단체가 함께 참여할 수 있게끔 판단 기준과 토론장을 제공한다.
(c) 능력이 닿는 한, 이 다양성 선언과 관련된 분야에서 기준 설정·인식 제고·역량 강화를 위한 활동을 추구한다.

(d) 이 선언문에 첨부된 주요 행동 계획의 실천을 촉진한다.

[유네스코 문화다양성 선언의 실천을 위한 실행 계획]

유네스코 회원국들은 유네스코 "문화다양성 선언"을 광범위하게 전파하고 특히, 아래 목적을 성취할 수 있도록 적절한 조치를 해야 한다.

1. 문화다양성에 대한 국제법적 기회를 명백히 고려하고 특히, 국가 그리고 국제 차원에서 발전과 정책 수립의 효과에 대한 연관성을 존중하는 맥락에서 문화 디양성 문제에 대한 국제적 논의를 심화시키며,
2. 문화다양성 증진과 보호에 상당히 기여하는 인식 증진 모델 및 협력 방식을 실천하기 위한 개념과 아울러 국가 및 국제 차원에서의 기본 원칙, 기준, 실천의 개념을 향상하며,
3. 다양한 문화적 배경을 가진 사람들과 집단의 참여와 포용을 증진하기 위해 문화 다원주의적 관점에서 지식과 실천의 교류를 강화하며,
4. 인권의 핵심 부분으로서 문화권 내용을 이해하고 명확히 하기 위해서 더욱 노력하며,
5. 인류의 언어 유산을 보호하고, 가능한 다양한 언어의 표현·창조·배포를 지원하며,
6. 가능한 모든 단계의 교육에서 - 모국어를 존중하고 - 언어 다양성을 촉진하고, 유년기부터 여러 언어를 학습하도록 장려하며,
7. 교육을 통해 문화다양성의 긍정적 가치 인식을 증진하고, 이런 목적에서 교과과정 구성과 교사 교육을 향상하며,
8. 지식의 소통과 전달을 위해 문화적으로 적합한 방법을 보호하고, 충분히 활용하는 관점에서 적정한 전통적 교육 방법을 교육과정에 통합하도록 하며,
9. 교육 훈련으로서 그리고 동시에 교육 서비스의 효율성을 확대할 수 있는 교육 도구로서 컴퓨터 사용법(digital literacy)을 알도록 장려하고, 새로운 정보 통신 기술을 습득할 수 있도록 하며,
10. 사이버스페이스에서 언어 다양성을 증진하고, 개방된 모든 정보를 모든 사람이 이용할 수 있도록 장려하며,
11. 관련 유엔 체제와 긴밀히 협조해 발전도상 국가가 새로운 정보기술에 접근하도록 장려하고, 그들이 정보 기술을 습득하도록 도우며, 자생적 문화 상품을 사이버스페이스에서 보급하고 발전도상국이 전 세계 교육·문화·과학 정보 자원에 접근하는 것을 가능하게 함으로써 정보 격차를 해소하며,
12. 매체와 지구적 정보 네트워크에서 다양한 콘텐츠를 생산·보호·보급하도록 장려하고, 이를 위해 공영 라디오와 텔레비전 서비스가 양질의 시청각 상품 개발에 기여하도록

특히 이러한 상품을 배포하기 위한 협력 체계를 수립하도록 육성하며,

13. 특히, 구전 문화유산과 무형 문화유산을 포함한 문화적, 자연적 유산의 보존과 확대를 위한 정책과 전략을 수립하고, 문화 상품과 서비스의 불법 유통을 퇴치하며,

14. 전통 지식 특히, 원주민들의 전통 지식을 보호하고 존중하며, 또 환경 보호와 자연 자원의 관리와 관련한 전통 지식의 공헌을 인정하고, 현대 과학과 지역 지식의 상승 작용을 촉진하며,

15. 창작자·예술가·연구자·과학자·지식인들의 활동성과 국제 연구 프로그램 및 협력관계 개발을 촉진하는 한편 발전도상국과 전환기에 있는 국가들의 창의적 역량을 보존, 확장하도록 노력하며,

16. 현대적 창의성의 개발과 창의적 작업에 대한 공평한 보상을 위한 저작권 및 관련 권리의 보호를 확보하고, 동시에 세계인권선언 제27조에 따라 문화를 누릴 공공의 권리를 지지하며,

17. 발전도상국과 전환기에 있는 국가들의 문화 산업의 출현 혹은 강화를 지원하고, 이를 위해 필요한 기간 설비와 기술 개발에 협력하며, 생존력 있는 지역 시장의 출현을 육성하고, 이러한 국가들의 문화 상품이 세계 시장과 국제 유통 네트워크에 배포되도록 도우며,

18. 이 선언문에 담긴 원리를 증진하기 위해 고안된 운영 지원 협정 그리고/혹은 적절한 규정 체제를 각 국가에 부과된 국제적 의무에 합당하도록 개발하며, 19. 문화다양성을 보호하고 증진하기 위한 공공 정책을 수립하는데 시민사회를 적극 참여케 하며,

20. 민간 부문이 문화다양성을 확대하는 데 기여할 수 있다는 것을 인지하고 촉진하며, 이를 위해 공공 부문과 민간 부문 간의 대화 창구를 수립한다. 회원국은 이 행동 계획에 설정된 목적을, 유네스코가 프로그램을 수행하는데 고려할 것과 문화다양성을 위한 상승효과를 확대하려는 시각을 갖고 유엔 기구, 기타 정부 간 단체, 비정부단체와 협조할 것을 유네스코 사무총장에게 권고한다.

참고문헌

1   슈밥 "한국은 다양성과 유연성이 부족", ScienceTimes, 2016. 10. 19.
2   "과학·연구 장단기 균형 다양성 갖추는게 중요", 서울경제, 2023. 10. 4.
3   "다양성 모르는 이들이 정치하면 망한다. 고 한 김대중, 오마이뉴스, 2023. 7. 22.
4   에드워드 버넷 타일러(Edward Burnett Tylo)는 1871년 빌간된 그의 지시 〈원시문화
    (Primitive Culture)〉에서 "문화는 사회 성원으로서의 인간이 습득한 지식, 신앙, 예
    술, 도덕, 법, 관습, 기타 모든 능력과 습관을 포함하는 복합적인 총체다."라고 정
    의했다. 출처: 네이버 사회학 사전
5   교황, 캐나다 원주민 학살 사과했지만… "더 많은 책임 필요", 한겨레 2022. 7. 25.
6   https://worldhappiness.report/ed/2021/
7   "I Traveled to the Most Depressed Country in the World",Mark Manson, Youtube.
8   "I Traveled to the Most Depressed Country in the World",Mark Manson, Youtube.
9   정홍원 외 4인, '사회통합지수 개발 연구', 한국보건사회연구원, 2016
10 정해식, '사회통합 실태 진단 및 대응 방안 연구(V)', 한국보건사회연구원, 2018
11 In country with world's lowest fertility rate, doubts creep in about wisdom of
    'no-kids zones', CNN, 2023. 6. 24.
12 문서번호: E/C.12/KOR/CO/4
    65. Cultural diversity
    The Committee is concerned about the low level of acceptance of multicultur-
    alism among the State party's population. While noting the measures taken to
    facilitate the social integration of non-nationals in the State party, the Commit-
    tee is concerned at the lack of policies promoting cultural diversity that reach
    out to the population at large (art. 15).
    66. The Committee recommends that the State party:
    (a) Promote the value of cultural diversity among its population, including by
    countering prejudices against non-nationals;
    (b) Monitor the impact of measures taken on the extent to which cultural diver-
    sity is embraced.
    67. The Committee refers the State party to its general comment No. 21 (2009)
    on the right of everyone to take part in cultural life.
13 CCPR/C/KOR/CO/4: It should also develop and carry out public campaigns
    and provide training for public officials to promote awareness and respect for
    diversity in respect of sexual orientation and gender identity.
14 주영하, 한국인은 왜 이렇게 먹을까?: 식사방식으로 본 한국 음식문화사, 휴머니

스트, 2018, 내용 재구성

15 대선배 홍명보에게 이천수가 반말을 시전했던 배후에는 히딩크 감독이 있었다?, "명보야 밥먹자", https://www.youtube.com/watch?v=bhhNCt72fmY,

16 대한항공 에어프랑스와 코드쉐어 복원, 한국일보, 2002. 2. 16.
[에어프랑스] 대한항공 '외면'… 좌석공유 1년간 중단, 조선일보, 1999. 5. 18.

17 미 국무부, 자국관리 대한항공 탑승금지 조치 해제, 한국경제, 2001. 11. 13.
미 국무부의 자국관리 대한항공 탑승금지 조치는 2001년 11월까지 2년여간 이어짐.

18 내셔널지오그래피의 다큐 프로그램 〈Mayday〉 시즌11 제7화 'Bad Attitude' 편의 내용을 요약 각색하였음. 한국에서는 〈항공사건조사대〉라는 이름의 다큐프로그램, 시즌10의 제2화 '나쁜태도' 편으로 디즈니플러스 채널에서 현재 방송되고 있음.

19 Air Accidents Investigation Branch, AAIB

20 AAIB, Report on the accident to Boeing 747-2B5F, HL-7451 near London Stansted Airport on 22 December 1999

21 폴란드 언론 "한국에서 교훈 얻자" 연합뉴스, 2010. 4. 14.
조양호는 어떻게 KAL 15년 무사고를 만들었나, Business Post, 2014. 7. 2.

22 경남은행도… "코로나19 걸리면 엄중 문책", MBC 뉴스, 2020. 2. 29.

23 "감염된 게 자랑이냐"… 편견·차별에 두 번 우는 완치자, YTN 뉴스, 2020. 8. 2.

24 해당 뉴스는 몇일 후 바로 일부 내용이 수정되었음. 해당 뉴스의 문제점을 다룬 다른 언론기사 내용 / '신종코로나에 한국 언론이 먼저 쓰러지나', 오마이뉴스, 2020. 1. 30.

25 대구시의 잇따른 탁상행정에 뿔난 누리꾼… "대구가 대구했네", 쿠키뉴스, 2020. 6. 10.

26 국가인권위원회 대구인권사무소 좌담회 '코로나19 지역혐오의 성찰과 과제' 2020. 7. 28.

27 '이태원 발 코로나 사태에 커진 혐오… 숨죽인 성소수자들', 연합뉴스, 2020. 6. 8.

28 여론조사 왼손잡이에 대한 여론조사, 한국갤럽, 2002년, 2013년

29 1%의 무서운 결과…여성에게 코로나 백신 과했던 이유 [더스페셜리스트], SBS뉴스, 2023. 7. 1.

30 식약청 "수면진정제 졸피뎀 복용 주의", 연합뉴스, 2013. 1. 14.

31 '75Kg 남성 이 운전자 표준? 성평등하지 못한 자동차 안전, 여성이 남성보다 더 다치는 이유, 한겨레, 2020. 11. 1.

32 CIA The World Fact Book, United Arab Emirates
Emirati 11.6%, South Asian 59.4% (includes Indian 38.2%, Bangladeshi 9.5%, Pakistani 9.4%, other 2.3%), Egyptian 10.2%, Filipino 6.1%, other 12.8% (2015 est.)

33 Winters, Adam, 《Syphilis》 New York: Rosen Pub Group, 2006, p17

34 '인간의 원초적 본능을 파고든 세균… 치료제 반대론자도 있었다.', 경향신문, 2023. 4. 13. 위키백과 '매독'

35 건강보험심사평가원, 질병으로 보는 세상 시리즈, 천재들의 영혼을 지배한 병 매독 1편, 2020. 7. 31.

36 "흉물스럽고끔찍한병"프랑스왕고민에빠트린병.강병철, 더메디컬 칼럼, 2023. 2. 14.

37 김효열, 신증후군 출혈열 = Hemorrhagic Fever with Renal Syndrome, 감염과 화학요법, 2009.

38 세계보건기구에서 정한 코로나19의 공식 질병명은 '제2형 중증급성호흡기증후군
    코로나바이러스 2(SARS-CoV-2)'임

39 https://www.who.int/publications/i/item/WHO-HSE-FOS-15.1/ World Health
    Organization Best Practices for the Naming of New Human Infectious Diseases

40 남아프리카공화국 격동의 역사 3부작, KBS 다큐 월드, 독일 ZDF 공영방송, 2010

41 CIA, The World Fact Book, South Africa Country Summary

42 'South Africa elections: Charting divides 25 years after apartheid', BBC, 2019. 5. 2.

43 자격정지 20년만에 남아공 유엔정식 복귀, 매일경제, 1994. 6. 25.

44 金溶植회고록 韓國外交33년 秘話, 동아일보, 1984. 2. 21.

45 김승섭, 우리 몸이 세계라면, 동아시아, 2018, p155

46 염운옥, 낙인찍힌 몸, 돌베개, 2019, p87

47 Ali Rarransi, 인종주의는 본성인가, 구정은 역, 한겨레지식분고, 2011, p18~19

48 박경태, 인종주의, 책세상, 2009, p94.

49 슈테판 보말, 생각하는 여자는 위험하다. 그리고 강하다. 김세나 번역, 이봄, 2014.

50 올랭프 드 구주, 한국일보 오피니언, 2016. 11. 03

51 [2023 가족인식조사] 가족의 범위 및 정상가족에 대한 인식, 한국리서치, 2023. 7. 19.

52 [2023 가족인식조사] 가족의 범위 및 정상가족에 대한 인식, 한국리서치, 2023. 7. 19.

53 2022년 인구주택총조사 결과, 통계청, 2023. 7. 27

54 여성가족부 보도자료 건강다가센터 가족센터로 명칭변경 2021. 10. 13.

55 국제 홀로코스트 희생자 기념의 날, 홀로코스트 전시관 페이스북

56 미국 홀로코스트 박물관, 홀로코스트 기록

57 2021년 걸린 단죄… 학살자는 끝까지 '반성' 안 했다.', 경향신문, 2016. 3. 25.

58 위키백과, 스레브레니차 집단학살

59 New Zealand PM full speech: 'This can only be described as a terrorist attack',
    CNN, 2019. 3. 15. / 연설문 중 일부 내용으로, 번역과정에서 읽기 쉽게 의역
    한 부분이 있다. 원문을 살펴봐도 좋다. 'For those of you who are watching at
    home tonight, and questioning how this could have happened here, we - New
    Zealand - we were not a target because we are a safe harbor for those who
    hate. We were not chosen for this act of violence because we condone racism,
    because we are an enclave for extremism. We were chosen for the very fact
    that we are none of these things. Because we represent diversity, kindness,
    compassion, a home for those who share our values, refuge for those who
    need it. And those values, I can assure you, will not, and cannot, be shaken by
    this attack. We are a proud nation of more than 200 ethnicities, 160 languages.
    And amongst that diversity we share common values. And the one that we
    place the currency on right now - and tonight - is our compassion and support
    for the community of those directly affected by this tragedy. And secondly,
    the strongest possiable condemnation of the ideology of the people who did
    this. You may have chosen us - but we utterly reject and condemn you.'

60 애플 다양성 리포트, We, re not all the same. and that's our greatest strength.
    https://www.apple.com/diversity/

61 '덜 똑똑해도 다양하게 뽑아라', 매일경제, 2014. 3. 14.
62 美국무부, 다양성 최고책임자 신설… 곧 다양성·포용성 전략도 발표, 뉴스1, 2021. 2. 25.
63 美국무부 첫 인사 다양성책임자 "정부 조직은 인구구성 반영해야", 동아일보, 2022. 6. 22.
64 넷플릭스 다양성 포용성 홈페이지, https://about.netflix.com/ko/inclusion
65 Inclusion in Netflix Original U.S. Scripted Series & Films, Netflix, 2023. 4.
66 Harvard Business Review / https://hbr.org/2016/07/why-diversity-programs-fail
67 전국민다문화수용도 조사 2015, 2018, 2021 자료 인용
68 2021년 조사에서는 관련 데이터를 제공하지 않고 있어 2018년 조사 결과를 인용함.
69 온라인 홈페이지 벡델데이 2023. www.dgk.or.kr/bechdelday2023
70 국가인권위원회 보도자료 "지자체 재난긴급지원금 정책에서 외국인주민을 배제하는 것은 평등권 침해" 2020. 6. 11.
71 서울시, 외국인도 재난 지원금 준다… 총 300억 원 예산 확보, 연합뉴스, 2020. 6. 30.
72 정책뉴스 [Q&A] 아동양육 지원금, 우리 아이도 받을 수 있나요?, 대한민국 정책브리핑, 2020. 9. 24.
73 부산항만공사 공고문 2023-159
74 유네스코 한국위원회

그린이 김형준

홍익대학교에서 동양화를 전공했습니다. 1995년 《옷감짜기》(보림)로 데뷔한 이래 지금까지 일러스트레이터로 활동하고 있습니다. 쓰고 그린 그림책으로는 《바본가》(월천상회)가 있습니다. 부박한 일상에 고착된 생각 너머 새로운 몸과 마음을 상상하는, 그 상상 속에 새로운 삶이 움트는 그런 그림책을 지으려 합니다.

좋은 시민이 되고 싶어 01

다양성이 빛나는 세상을 만들고 싶어

초판 1쇄 발행 2024년 8월 10일

지은이 이완

기획편집 도은주, 류정화
마케팅 이수정
그린이 김형준

펴낸이 윤주용
펴낸곳 초록비공방

출판등록 제2013-000130
주소 서울시 마포구 동교로27길 53 지남빌딩 308호
전화 0505-566-5522 팩스 02-6008-1777

메일 greenrainbooks@naver.com
인스타 @greenrainbooks @greenrain_1318
블로그 http://blog.naver.com/greenrainbooks

ISBN 979-11-93296-45-5 (03330)

어려운 것은 쉽게 쉬운 것은 깊게 깊은 것은 유쾌하게

초록비책공방은 여러분의 소중한 의견을 기다리고 있습니다.
원고 투고, 오탈자 제보, 제휴 제안은 greenrainbooks@naver.com으로 보내주세요.